优秀传统文化的当代传承与价值探索

宋姗姗 著

群言出版社
QUNYAN PRESS
·北京·

图书在版编目（CIP）数据

优秀传统文化的当代传承与价值探索 / 宋姗姗著
. -- 北京：群言出版社，2022.11
ISBN 978-7-5193-0773-8

Ⅰ．①优… Ⅱ．①宋… Ⅲ．①中华文化—研究 Ⅳ．
① K203

中国版本图书馆 CIP 数据核字 (2022) 第 189112 号

责任编辑：孙平平
封面设计：知更壹点

出版发行：群言出版社
地　　址：北京市东城区东厂胡同北巷 1 号（100006）
网　　址：www.qypublish.com（官网书城）
电子信箱：qunyancbs@126.com
联系电话：010-65267783　65263836
法律顾问：北京法政安邦律师事务所
经　　销：全国新华书店

印　　刷：三河市明华印务有限公司
版　　次：2022 年 11 月第 1 版
印　　次：2023 年 1 月第 1 次印刷
开　　本：710mm × 1000mm 1/16
印　　张：9.5
字　　数：190 千字
书　　号：ISBN 978-7-5193-0773-8
定　　价：72.00 元

【版权所有，侵权必究】

如有印装质量问题，请与本社发行部联系调换，电话：010-65263836

作者简介

宋姗姗，女，汉族，辽东学院高等教育研究中心主任，毕业于辽宁师范大学。研究方向为道德教育、教育基本理论问题、教育文化等，主持省级及以上科研项目7项，出版学术专著4部，国内外公开发表教育类、文化类论文22篇。此著作系教育部人文社会科学青年基金项目"满族民俗文化精品的现代德育功能研究"（19YJC880073）的阶段性研究成果。

前　言

优秀传统文化有着悠久的历史，它深深地融入中华民族的思想意识和行为准则中，也深刻地影响着中国人的社会生活与精神面貌。优秀传统文化是珍贵的历史文化宝藏，对涵养社会主义核心价值观、维护国家文化安全、推进国家治理体系和治理能力现代化具有重要作用。

在教育层面，优秀传统文化蕴含着大量的教育教学资源，不仅有助于学生健康、积极人格的形成，而且还对他们世界观、人生观、价值观的树立起到了引导作用。加强对优秀传统文化的当代传承与价值研究，对推进当代中国特色社会主义事业繁荣发展具有极其深远的意义。

全书共五章，第一章为绪论，主要内容为优秀传统文化概述与优秀传统文化的历史地位；第二章为优秀传统文化的内涵阐释，主要论述了优秀传统文化的基本精神、基本特征、思想成就；第三章为优秀传统文化的当代传承思路，主要论述了优秀传统文化传承的内涵、特征与意义，历史经验与优秀传统文化的当代传承策略等；第四章为优秀传统文化的社会价值实现，主要内容为优秀传统文化的社会价值阐述与实现路径；第五章为优秀传统文化的教育价值实现，主要内容为优秀传统文化的教育价值阐述、优秀传统文化中的德育教育价值、优秀传统文化中的思想政治教育价值、优秀传统文化中的心理健康教育价值。

在撰写过程中，笔者借鉴了许多前辈的研究成果，在此表示衷心的感谢！并真诚期待这本书在读者的学习生活以及工作实践中结出丰硕的果实。

探索知识的道路是永无止境的，本书还存在着许多不足之处，恳请前辈、同行以及广大读者进行斧正，以便改进和提高。

目　录

第一章　绪　论 …………………………………………………… 1

　　第一节　优秀传统文化概述 ……………………………………… 1

　　第二节　优秀传统文化的历史地位 ……………………………… 7

第二章　优秀传统文化的内涵阐释 ……………………………… 23

　　第一节　优秀传统文化的基本精神 ……………………………… 23

　　第二节　优秀传统文化的基本特征 ……………………………… 27

　　第三节　优秀传统文化的思想成就 ……………………………… 35

第三章　优秀传统文化的当代传承思路 ………………………… 46

　　第一节　优秀传统文化传承的内涵、特征与意义 ……………… 46

　　第二节　优秀传统文化传承的历史经验 ………………………… 57

　　第三节　优秀传统文化的当代传承策略 ………………………… 63

第四章　优秀传统文化的社会价值实现 ………………………… 69

　　第一节　优秀传统文化的社会价值阐述 ………………………… 69

　　第二节　优秀传统文化的社会价值实现路径 …………………… 77

第五章　优秀传统文化的教育价值实现 ………………………… 89

　　第一节　优秀传统文化的教育价值阐述 ………………………… 89

　　第二节　优秀传统文化中的德育教育价值 ……………………… 95

　　第三节　优秀传统文化中的思想政治教育价值 ………………… 106

　　第四节　优秀传统文化中的心理健康教育价值 ………………… 131

参考文献 …………………………………………………………… 141

第一章 绪 论

第一节 优秀传统文化概述

一、优秀传统文化的一般阐释

（一）文化的概念与分类

1. 文化的概念

中华文明源远流长，在五千年文明史中形成的文明成果灿若星河。据考证，文化是典型的中国词汇，在春秋战国时期的文献中已有文化的相关记载。

起初，"文"与"化"单独使用，各表其义。"文"的本义指各色交错的纹理。《周易·系辞下》载："物相杂，故曰文。"《礼记·乐记》称："五色成文而不乱。"《说文解字》称："文，错画也。象交文"，均指此义。"化"本义为化生、改易、生成、造化，如《礼记·乐记》曰："和，故百物皆化。"《庄子·逍遥游》中载"化而为鸟，其名曰鹏"，《周易·系辞下》载"男女构精，万物化生"，《黄帝内经·素问》载"化不可代，时不可违"，《礼记·中庸》载"可以赞天地之化育"等。总结归纳以上各种表述可以看到，"化"的本义是指事物形态或性质的改变。后来，"化"的含义进一步拓展，引申为教行迁善之义。将"文"与"化"合为一词使用，据已有文献记载，最早出现于战国末年的《周易·象》，"观乎人文，以化成天下。"这是关于"文化"的最初提法。

在《周易正义》中孔颖达进一步解释道："'观乎人文以化成天下'者，言圣

· 1 ·

人观察人文，则《诗》《书》《礼》《乐》之谓，当法此教而'化成天下'也。"在这里，"文"是从最初本义"纹理"演化而来的，进而衍生出"天文""人文"，用来表述自然规律和人伦、社会规律等。这段话里，"人文"和"化成天下"连在一起使用，可以看出"以文教化"的思想表述已十分清晰。西汉后，"文"与"化"两个字才合成一个词表意，如西汉刘向说："圣人之治天下也，先文德而后武力。凡武之兴为不服也。文化不改，然后加诛。"（《说苑·指武》）晋代束皙说："文化内辑，武功外悠。"（《昭明文选》19卷）梁昭明太子萧统注曰："言以文化辑和于内，用武功加于外边也。"（《昭明文选》19卷）这里的"文化"是与"武功"相辅相成的统治方法。

综上所述，从古代文献中考证可以看出，"文化"的"文"与"化"各表其义；当"文"与"化"组成新词之后，其含义就非常明确，所指内容无非是精神活动即诗书礼乐、道德风俗以及政治制度等。总之，古代典籍中的"文化"跳不出社会上层建筑的范畴。这与我们今天常说的"文化"在含义上有相似之处，但又有差异之处。近代以来，伴随着西学东渐，关于文化含义的解释日益宽泛，中国有识之士阐发了对于文化的理解。蔡元培认为"文化是人生发展的状况"，他更多是从人类社会发展状况出发来定义文化。梁漱溟也认为文化是人类生活的样法，文化包括物质生活、社会生活和精神生活三大领域。此后，梁漱溟对文化的含义做了进一步的阐述，认为文化涵盖了人类各民族如何进行生产，其所有器具、技术及相关的社会制度、宗教信仰、道德习惯、教育设施，乃至语言、衣食、家庭生活等，梁漱溟指出："全部中国文化是一个整体，它为中国人所享用，亦出于中国人之所创造，复转而陶铸了中国人。"他对文化内容的丰富性、系统性，以及中国人创造文化、文化反过来塑造中国人思想等予以深刻阐述。近代学者强调文化内涵的包容性、丰富性，对文化涵盖的领域、具体内容、形成条件等方面进行研究和阐释。

随着时空转换，"文化"一词不断演变，内涵不断丰富，外延日益拓展，成为学者关注的重点，成为学科探讨的热点，也成为人类研究的永恒课题。

2. 文化的基本含义

中西方关于文化的起源、演变都基于不同的文化背景、历史传统、思维模式，我们对文化的含义一般从狭义和广义两个层面去界定。对于文化的含义的解读，《辞海》对文化的定义就是从广义、狭义两方面展开的。广义的文化指人类在社会实践过程中所获得的物质、精神的生产能力和创造的物质、精神财富的总和。狭义的文化指精神生产能力和精神产品，包括一切社会意识形式：自然科学、技术科学、社会意识形态。有时又专指教育、科学、文学、艺术、卫生、体育等方面的知识。《辞海》中对文化的广义和狭义的定义，有助于从宏观和微观层面理解文化。

近现代中国学者对文化也有狭义和广义的释义。梁漱溟认为"文化，就是吾人生活所依靠之一切""文化之本义，应在经济、政治，乃至一切无所不包"。这一界定强调文化的宽泛性，认为其无所不有、无所不包。陈独秀从狭义上解释文化的概念，认为文化"包含着科学、宗教、道德、美术、文学、音乐这几种"。狭义层面的文化更为具象化。瞿秋白从唯物史观出发，对文化做出马克思主义式的解读："所谓'文化'（Culture）是人类之一切'所作'"，具体来说包括："生产力之状态""经济关系""社会政治组织""社会心理""思想系统"。在这里，瞿秋白明确规定了广义文化的内涵，强调文化巨大的包容性，是人类创造的所有事物的总和。毛泽东同志以历史唯物主义为指导定义狭义文化："一定的文化（当作观念形态的文化）是一定社会的政治和经济的反映，又给予伟大影响和作用于一定社会的政治和经济。"毛泽东同志强调文化为"观念形态的文化"，属于上层建筑范畴，对应社会的经济、政治，并影响和作用于经济、政治。总之，中国学者从历史唯物主义的角度出发阐述文化与政治、经济的关系，强调文化的巨大反作用。

3. 文化的分类

文化为无所不包、无所不有的文化形态，如何将文化进行分类整合，不同学者从不同角度出发进行探究。

（1）从文化形态来看

文化可以分为理论形态的文化和世俗形态的文化。马克思主义哲学家和教育家陈先达认为"文化有理论形态的文化，也有世俗形态的文化"，两者相互影响、相互作用。陈先达认为文化是被创造出来的，是人的精神生产的观念形态的产品，它表现在人类创造的哲学、宗教、文学、艺术、音乐等经典文化形态之中，也表现在人类日常生活的世俗形态之中。

日常生活的文化观念、民间文化和当代的大众文化都是文化的世俗形态。世俗生活为理论形态的文化的形成提供深厚土壤和现实背景；理论形态的文化是世俗生活的理论升华、凝练。无论是哪种形态的文化，"就其内容而言，归根到底都取决于人们生活于其中的社会"。陈先达对文化形态的划分，我们可以理解为从哲学视角出发，从理论和实践两个维度去把握。人们在生产实践和社会生活中形成的文化，会随着社会的发展变迁与时俱进、推陈出新。

（2）从文化结构来看

文化分为物质文化、制度文化、精神文化。当代历史学家、文化史家、哲学史家庞朴从马克思主义基本理论出发，以近代中国文化的发展为蓝本，将文化分为外层、中层、核心三个层面：外层是物的部分，即马克思所说的"第二自然"或对象化了的劳动；中层是心物结合的部分，包括关于自然和社会的理论、社会组织制度等；核心层是心的部分，即文化心理状态，包括价值观念、思维方式、审美趣味、道德情操、宗教情绪、民族性格等。庞朴认为物质、制度、精神三种文化分别与文化的外层、中层、核心相对应。其中物质层面的文化变化快、传播快；制度层面的文化具有权威性，对普通人具有约束性；精神层面的文化是最核心的部分，是较为稳定的层面。三个层面的文化地位不同，作用各有侧重。

（3）从文化的影响力来看

分为主流文化与非主流文化。主流文化在社会上占主导地位，与社会主流意识形态相一致，为社会大多数人所接受。主流文化影响力大，引领文化发展走向。非主流文化在社会中影响力较小，是为一部分社会成员或某一社会群体所接受的文化。非主流文化传播力度小、辐射面积小，对特定的群体和成员发挥教化功能。

研究者从不同视角对文化做出多种分类，如从地域角度划分，有东方文化、欧美文化等；从学科属性来看，可以分为政治文化、科技文化、艺术文化等；从文化的功能划分，有饮食文化、茶文化、服饰文化等。对文化进行分类与分层有助于更好地理解文化的内涵与功能。

（二）传统文化的概念

近年来，我国逐渐将中华传统文化的地位提升到新的高度，赋予其时代内涵，使之成为我国文化建设和文化研究的重要议题。但长久以来，该领域学者的观点分歧不断，究其原因，是"传统文化"这一概念的模糊性、混淆性以及研究对象难以界定。纵观国际和国内研究领域，都没有形成"传统文化"的官方定义，因此厘清传统文化的内涵和特点是首先要解决的问题。文化是传统文化的基本属性，人类学家爱德华·泰勒在《文化的起源》一书中阐释，文化是包括知识、信仰、艺术、道德、习俗在内的"人作为社会成员所获得的任何其他能力和习惯";而传统则是历史发展继承性的表现,具有民族性和阶级性。

因此,如果割裂历史性和继承性,传统文化的概念和内涵就无从谈起。词条工具书和常规观念中对"传统文化"的解释大同小异,基本可以概括为:一种在历史演化过程中继承和积淀的、能够反映民族特质的总体表征,其外延包括一切物质的、制度的、精神的文化实体和文化意识。"传统文化"是一个相对于"现代文化"或"外来文化"的概念。

国际上关于"传统文化"的提法较少,比较明确的是联合国教科文组织于1989年通过的《保护传统文化和民俗的建议》,其中提及民俗和传统的大众文化是文化团体基于传统创造的全部,通过群体或个人表达出来,其标准和价值是通过模仿或其他方式口头流传的,其形式包括语言、文学、音乐、舞蹈、游戏、仪式、手工艺品、建筑及其他艺术。而与之类似的其他概念,如"传统知识""非物质文化遗产"分别有来自世界知识产权组织和联合国教科文组织的官方解释。这些定义的提出基于不同的侧重点和目的,内涵有所交叉,但基本特征都没有跳脱民族性、历史性、继承性和创造性。

"传统知识"是指传统的或基于传统的文学、艺术和科学作品、表演、发明、科学发现、外观设计、商标、商号及标记、未公开的信,以及其他一切由工业、科学、文学艺术领域的智力活动所产生的基于传统的革新和创造。

"非物质文化遗产"是指被各社区、群体、个人视为其文化遗产组成部分的各种社会实践、观念表述、知识、技能以及相关的工具、实物、手工艺品和文化场所,主要划分为以下种类:口头传统,包括作为无形文化遗产媒介的语言;表演艺术;社会实践、仪式礼仪、节日庆典;有关自然界和宇宙的知识和实践;传统的手工艺技能。

改革开放以后,我国对传统文化的态度趋于冷静,对传统文化传承问题的处理也更加成熟,不少学者开始尝试论述中华传统文化的内涵,以明晰研究思路和惯例。中山大学哲学系教授李宗桂认为,根据文化学家关于文化结构的见解,中国文化应该包括物质文化、制度文化和思想文化等层次,是一个有机整体,源远流长,博大精深。其中思想文化是其核心,反映着中国文化最为本质的特征,是中国文化的气象所在、精神所在。中国传统文化是中国文化的一部分,是中华民族数千年发展过程中创造的、不断发展的、打上自身烙印的文化。学者窦坤、刘新科则从"传统"的小概念出发,强调传统文化不仅具有历史意义,而且具有超

• 5 •

越历史的意义，是中华民族在特定的地理环境、政治制度、经济形势、意识形态的作用下世代形成与积淀，并为大多数人所认同的中国古代文化。当代著名哲学家汤一介从"崇尚自然""体证生生""德性实践"三个层面阐述中华传统文化价值，一言以蔽之，即追求普遍和谐、重视人的精神。尤其值得注意的是，自中共十六大以来，党的文献对"传统文化""中华文化""中国传统文化"等概念反复提及。"传统文化"目前具备一定的政治理论和国家战略高度，"根植于中华优秀传统文化"已经成为马克思主义中国化的重要维度，而中华优秀传统文化特指传统文化中的优秀部分。一般情况下，"中国文化""中华文化""传统文化"与"中华优秀传统文化"不做特别区分，其概念均作为褒义出现。

综上所述，把握"传统文化"的内涵需要注意以下几点。

传统文化是在传统或世代相传的条件下产生、保存与发展，由民族在历史演化的过程中不间断地继承与积淀，具备历史性，也具备跨越历史、超越历史的意义，是来自过去，但在现代社会仍有生命力和价值的民族文化。

传统文化是能够反映民族特征的总体表征，必须与传承和保存该文化体系的民族或本地社区有着特殊联系，且被大多数人民认可。

传统文化形式广泛，包括思想、语言、文字、美食、建筑、神话、民俗、文学作品、传统节日、手工技艺、仪式礼仪、音乐舞蹈等，可以是物质形态，也可以是非物质形态。

传统文化是相对于"现代文化"和"外来文化"而言的概念，涉及爱国主义和身份认同的问题，因此其情感倾向常常是正面的、褒义的。它的战略高度是在现代文明、国际竞争中产生的，因此讨论传统文化不能脱离经济全球化的社会背景，也不能偏离中国社会的实际情况和未来规划。

（三）优秀传统文化

优秀传统文化指的是经过数千年积累沉淀的中华优秀传统文化，是中国历史中优秀思想文化、行为方式、艺术形式以及道德风尚等精神文明产物的综合。随着历史的演变，优秀传统文化的内涵在发展中更加丰富，逐渐形成了完整、稳定的文化体系并世代相传。在漫长的中华历史发展过程中，优秀传统文化是对中国传统文化的批判与继承，是各种民族优秀文化的融合与创新。优秀传统文化是中华民族奋斗实践与智慧的结晶，也代表着中华民族的理想追求和精神信仰，是推动中华文明不断前进发展的最原始动力。

二、优秀传统文化的孕育环境

中华民族、中华文明发源于黄河流域，从黄河流域的上游——黄土高原，自西向东、向中下游发展，再向四周辐射；从地域来讲，是从陕西到河南，再到山东；从地理环境来看，中华文明源起的地域，西有黄土高原，东临大海，北有茫茫沙漠和戈壁，南有炎炎烈日，属大陆性气候。在这样相对封闭的地理环境里，形成了我国以农耕经济为主，农、牧、渔业并举的经济格局。其中，内陆性干旱气候和以农耕经济为主的农业结构使得大型水利设施的兴建变得至关重要，而大型水利设施的兴建非一家一户所能承担，必须由一种超越农户、乡村的权威机构来组织人力、物力并管理水资源。由此形成了大一统的社会，使得民族凝聚力、向心力较强，文化的整合作用、同化能力也较强。

第二节　优秀传统文化的历史地位

一、优秀传统文化的社会功能

（一）优秀传统文化的凝聚、整合功能

文化凝聚力量，文化整合思想。国学大师钱穆说："由民族产生出文化，但亦由文化来陶铸了民族。没有中国民族，便没有中国文化；但亦可说没有中国文化，也就没有了此下的中国人。"优秀传统文化是中华民族共同的精神家园和文化标识，在民族精神凝聚、整合方面始终发挥着重要作用。

1. 强化民族认同感

民族认同感，是民族成员对自己民族产生的认可和赞同的情感。这一情感既包括对自己民族身份的认可，即对"我属于这个民族"的认可；也包括对自己民族身份的赞同，即对"这个民族很伟大"的赞同。"认可"与"赞同"的情感相互强化，共同组成民族认同感，成为民族产生凝聚力的情感基础。这个基础牢固，民族凝聚力就强大；反之，民族凝聚力就弱小。能够强化民族认同的因素很多，民族的传统文化无疑是最重要的因素之一。

历史上，优秀传统文化是强化中华民族身份认同的最重要因素。冯友兰认为："在传统上，中国人与外人即'夷狄'的区别，其意义着重在文化上，不在种族上。""中华"有居天下之中、集天下之美的意思，"中华"和"夷狄"的区别在于文化，"中华民族"内在地含有文化繁荣、文明昌盛之意。《史记·赵世家》中说："中国者，盖聪明徇智之所居也，万物财用之所聚也，贤圣之所教也，仁义之所施也，诗书礼乐之所用也，异敏技能之所试也，远方之所观赴也，蛮夷之所义行也。"这段话很好地说明了中华民族把优秀文化视为民族身份的标志，视为民族自豪的依据。在漫长历史发展过程中，优秀传统文化成为中华儿女不断增强身份认同、坚定理想信念的精神因素，由此可以看出这种强烈民族身份认同所产生的强大精神力量。近代以来，面对西方列强的侵略和欺凌，在优秀传统文化的滋养和激励下，中国大地各民族凝聚成强大的力量，最终实现了民族的独立和振兴。

优秀传统文化是包括 56 个民族在内的中华民族共同创造的文化成果，是中华民族共同的文化标识，是包括海外华人、华侨在内的所有中华儿女的共同精神家园。中国的孔子、孟子、老子、庄子等的哲学思想，春节、清明、端午、中秋等传统节日，汉服、唐装、旗袍等传统服饰，长城、故宫、兵马俑等历史古迹，屈原、岳飞、文天祥等忠臣良将，李白、杜甫、苏轼等古代诗人，《红楼梦》《三国演义》《水浒传》《西游记》等古典小说，这些都是中华民族的文化标识，都是产生和强化共同身份认同的文化符号。传承和弘扬优秀传统文化，就是对中华民族文化标识的反复强调和不断确认，就是对中华儿女民族身份的反复强调和不断确认，可以极大增强中华儿女的民族认同感。

2. 整合思想认识

改革开放以来，在解放思想的大背景下，中国社会思想活跃、思潮涌动，出现了思想、思潮多元化的趋势。受社会思潮的影响，社会各个阶层甚至每个人由于利益诉求的不同，在国家治理、社会建设、利益分配等诸多方面存在着思想认识上的分歧。学术上的"百家争鸣"和社会思想活跃是好的现象，但如果社会思想认识过于分裂，反而会成为社会进步的思想障碍。特别是有些思潮和思想严重背离中国特色社会主义道路和现代文明，其危害性不容小觑。优秀传统文化是中华民族共有的精神家园，在这个精神家园里，我们的社会理想、发展理念、价值观念、思维方式、审美品位、心理习惯等有着很强的相似性和一致性，这恰恰可以成为我们整合思想认识的重要基础。

第一章 绪 论

例如，在社会理想方面，世界上很多民族都提出过自己的"理想国"，社会上每个人也都有自己的理想社会。为了提出一个科学而美好的社会理想，凝聚最广大人民的思想共识，小康是中华民族古已有之、中华儿女非常熟悉的概念，《诗·大雅·民劳》中说："民亦劳止，汔可小康。"《礼记》中也提出了"小康"的概念，与"大同"相对应。作为中国特色社会主义理论范畴内的"小康"自然与中国历史上的"小康"含义不同，但事实证明，这一富有传统色彩的概念有效地整合了人们在社会理想上的不同认识，引起了人民群众强烈的思想共鸣。

党的十九大以来，我们在全面建成小康社会目标即将实现的时候，又提出了"中华民族伟大复兴的中国梦"的概念。习近平总书记曾指出：中国梦是一种形象的表达，是一个最大公约数，是一种为群众易于接受的表述。"中国梦"这一概念让人很容易联想到"文景之治""贞观之治""开元盛世"和"康乾盛世"等历史上的繁荣时期，因此一经提出就引起广泛共鸣，起到了整合思想认识、凝聚思想共识的巨大作用。目前，"中华民族伟大复兴的中国梦"的概念已经深入人心，成为中华儿女广泛认同的奋斗目标。

优秀传统文化具有整合思想认识的价值，但不是说要用它取消或取代其他思想认识，而是它博大精深的思想内容、包容创新的优秀品质能够引起广泛的思想共鸣，整合思想认识、汇聚智慧力量，从而减少发展的思想阻力，增强发展的精神动力。

3. 维护民族团结统一

维护民族团结统一，既是实现中华民族伟大复兴的应有之义，也是实现这一伟大梦想的必要条件。实现中华民族伟大复兴必须凝聚中国力量，这个力量就是全国各族人民大团结的力量。我国是一个有着14亿多人口、56个民族的大国，只要保持团结统一、万众一心，再强的敌人也能战胜，再大的困难也能克服，再伟大的梦想也能实现。维护中华民族的团结统一，可以充分发挥优秀传统文化这个天然的文化纽带作用。

《全球通史》曾提出一个值得深思的问题："中国为什么会拥有世界上最古老、连续不断的文明？"究其原因，优秀传统文化是维"合"、促"合"的强大精神力量，是维护团结统一的强大精神纽带。

一方面，优秀传统文化中有着根深蒂固的"大一统"思想。从《诗经·小雅·北山》的"普天之下，莫非王土"，到《公羊传·隐公元年》的"何言乎王正月？大一统也"，再到《礼记·中庸》的"天下车同轨，书同文，行同伦"，"大

· 9 ·

一统"的思想在中华民族历史上确立早、扎根深、影响远，反对分裂、维护统一的意识深深积淀在中华民族的文化心理之中。冯友兰先生指出："秦朝统一以后的两千多年，中国人一直在一个天下一个政府之下生活，只有若干短暂的时期是例外，大家都认为这些例外不是正常情况。"中国人内心深处认为国家统一是正常的，而国家分裂是不正常的，团结统一的思想是根深蒂固的，这就从思想深处维护和促进了民族的团结统一。

另一方面，优秀传统文化是促进各民族、各区域融为一体的文化熔炉。考古学发现，中华大地上最早散布着满天星斗般的文化区域和原始部族。在不断冲突和融合中，华夏文化逐渐成为主体，并显示出强大的包容性和先进性。随着其文化影响力的增强和辐射范围的扩大，各区域文化逐渐融合成中华文化，各少数民族逐渐融合成中华民族。优秀传统文化，特别是其中优秀的语言文字、文学艺术、思想理念、伦理道德、节日风俗、饮食服饰等，如同一个巨大的文化熔炉，各民族、各区域在其中交流融合，形成了民族多元融合、文化多样和谐的统一整体。

4.激发精神力量

党的十九大报告指出："中华民族伟大复兴，绝不是轻轻松松、敲锣打鼓就能实现的。"实现中华民族伟大复兴的中国梦，推动经济社会持续发展，克服各种困难，战胜各种挑战，需要我们不断激发强大的精神力量。从盘古开天地的远古传说，到抵御西方列强的近代壮举，优秀传统文化积累了十分丰富的精神宝藏。传承和弘扬优秀传统文化能够不断激励中华儿女继续前进，凝聚起同心共筑中国梦的磅礴力量。

（1）自强不息的精神

"自强不息"出于《周易》："天行健，君子以自强不息。"古人认为，天上的星辰日夜运行不息，君子效法上天，也应自强不止。从历史上看，中华民族曾长期屹立于世界民族之林的前列，中华文明曾长期占据人类文明的高峰，这与优秀传统文化中的自强不息精神是紧密相关的。

（2）居安思危的精神

中华民族自古以来就对国家的兴衰安危有着清醒的忧患意识。孔子说："人无远虑，必有近忧。"（《论语·卫灵公》）孟子说："生于忧患，死于安乐。"（《孟子·告子下》）姜子牙说："国虽大，好战必亡；天下虽安，忘战必危。"（《司马法·仁本》）欧阳修说："忧劳可以兴国，逸豫可以亡身。"（《新五代史·伶官传序》）这些都表现了中华儿女对国家的强烈忧患意识。易中天认为："忧患是我们民族文化的底色。"正因为中华民族有忧患意识，才能够经常保持清醒，才能保持自强不息的精神状态，才能长盛不衰。

（3）勇于担当的精神

在中国古代，"修身""齐家""治国""平天下"是读书人的人生追求和最高理想。在中国历史上，出现了很多具有担当精神的英雄，他们勇于担当起社会、民族和国家的责任。鲁迅说："我们从古以来，就有埋头苦干的人，有拼命硬干的人，有为民请命的人，有舍身求法的人……这就是中国的脊梁。"（《中国人失掉自信力了吗》）从大禹治水"八年于外，三过其门而不入"（《孟子·滕文公上》），到孟子"如欲平治天下，当今之世，舍我其谁也"（《孟子·公孙丑下》），再到林则徐虎门销烟的壮举，勇于担当的精神始终是中华民族的重要精神品质。正是有了这种担当精神，中华儿女才会在国家太平时居安思危，在国家危难时挺身而出，在危险面前毫不退缩，在艰难面前敢于向前、前赴后继，勇敢担起国家和民族的重担。

（4）开拓创新的精神

"苟日新，日日新，又日新。"（《礼记·大学》）几千年来，中华民族生生不息、发展壮大的历史就是一部不断开拓创新的辉煌史。思想上诸子百家竞相争鸣，文学上唐诗、宋词、元曲、明清小说接续发展，科技上"四大发明"相继出现，外交上张骞出使西域、郑和七下西洋等，都表现了中华民族的开拓创新精神。中国历史上先后出现了商鞅变法、胡服骑射、北魏孝文帝汉化改革、王安石变法、张居正改革等变法，表现出中华民族强烈的开拓创新精神。近代以来，面对西方强势文明，中华民族发扬开拓创新精神，喊出了"穷则变，变则通，通则久"（《周易·系辞下》）的口号，敢于变革陈旧落后的思想，敢于抛弃不合时宜的观念，以"天变不足畏，天道不足惧，祖宗不足法"（《宋史·王安石列传》）的变革求新精神，从器物、制度、文化等方面进行了全方位的变革，终于再一次使中华民族凤凰涅槃般地屹立于世界民族之林。

上述优秀传统文化中的精神，是中华民族几千年来始终能保持旺盛活力的精神之源。当前，实现中华民族伟大复兴的中国梦，全面建设社会主义现代化强国，仍需用优秀传统文化中的这些精神激发中华儿女自强不息、居安思危、勇于担当和开拓创新的精神。

（二）优秀传统文化对现代大学生的导向作用

1. 有利于完善大学生的人格

接触和深入了解传统文化后不难发现，优秀传统文化强调人的思想道德修养，注重人的德性教育和人格的培养、完善，"讲仁爱、重民本、守诚信、崇正义、尚和合、求大同"的价值观念是优秀传统文化人格价值观的高度概括，也是当前时代人们修身养性的思想精髓，为青少年思想道德素质的培养提供了良好养分。因此，优秀传统文化中所蕴含的高尚道德是我们建设社会主义的突出优势，抛弃传统文化如同切断文化发展的根。

坚持以人为本的原则，对学生进行优秀传统文化教育，培养他们"自强不息、厚德载物""重义轻利""待人以诚""立己达人"等精神，培养他们的"仁爱之心""博爱情怀"等优秀品质，使其养成"吾日三省吾身"的良好习惯，对引导他们坚定理想信念、砥砺他们奋斗前行、推动他们成才具有不可忽视的作用，这是我们当今以人学为指导进行大学生传统文化教育的主要目标，争取使每个大学生都能够成为"又红又专、德才兼备、全面发展的中国特色社会主义合格建设者和可靠接班人"。在优秀传统文化的熏陶下，才能促进大学生完善人格的形成，减少成长过程中所产生的矛盾和冲突，形成良好的人际关系，保留和传承中华儿女在辛勤劳动中创造的精神成果。

2. 有利于优化大学生的生活状态

人是社会的主体，人们的生活状态在一定程度上影响着社会的进步和发展，优良的生活状态能够提升人们的幸福感，促进社会的发展。随着当今时代的迅速发展，人们的物质生活能够基本得到满足，但是人的生活状态不仅仅包括人们物质生活的发展，更重要的在于人们精神生活的丰富和精神世界的满足。

由于受到各种价值观和网络文化等的影响，大学生的生活状态出现了不同的问题，加上来自社会的各种压力，其对大学生的思维方式、生活方式和行为方式都产生了重要的影响。优秀传统文化能够在潜移默化中对大学生的思想观念、价值取向和认知方式等产生影响，从而改善大学生的生活状态和提高其生活境界。

一方面，对大学生的传统文化教育能够提升他们的人文素养，丰富他们的精神世界，优化他们的精神状态。优秀传统文化的核心是优秀传统道德精神，在对大学生进行传统文化教育的过程中，能够使其接受传统文化的熏陶，提升自身的人文修养，丰富自己的精神世界，如"一曰礼，二曰义，三曰廉，四曰耻。礼不逾节，义不自进，廉不蔽恶，耻不从枉。故不逾节，则上位安。不自进，则民无巧诈。不蔽恶，则行自全。不从枉，则邪事不生"（《管子·牧民》）。礼义廉耻的道德规范能够增强大学生的责任意识等。

另一方面，传统文化教育能够优化他们的人际关系，减少人际交往的冲突。"父子有亲，君臣有义，夫妇有别，长幼有序，朋友有信"（《孟子·滕文公上》）的五伦说，流露出各种人际关系的温暖，如"君使臣以礼，臣事君以忠"（《论语·八佾》）的君臣关系，"孝有三：大孝尊亲，其次弗辱，其下能养"（《礼记·祭义》）的父子关系，"大人者，言不必信，行不必果，惟义所在"（《孟子·离娄下》）的社会人际交往原则等，无不为当今我们进行人际关系的处理提供了借鉴。

因此，对大学生进行传统文化教育，能使其真正体会到优秀的传统文化为其生命和生活发展带来的积极意义，指导他们的学习生活，使其体会文化的强大作用；而且优秀传统文化中关于修身养性的道德规范思想，有利于减少大学生的精神压力、改善大学生的精神生活状态，从而优化大学生的生存状态。

此外，对大学生进行优秀传统文化教育，从高校层面来说，能够响应国家号召，为祖国培育德才兼备的青年人才，更好地完成立德树人任务；从继承和发扬优秀传统文化方面来说，能够传承和创新传统文化，跟上时代发展的脚步，使其永葆活力；从国家层面来说，能够提升中国文化，增强软实力，建设社会主义文化强国，为中国文化在世界夺得一席之地；从大学生自身来说，学习优秀传统文化，不仅能够提升文化素养，提升自身的文化主体性，还能认识到自身的不足之处，完善自身人格，快速成长为一名优秀的中华儿女。

3. 有利于提升大学生的文化主体性

"文化主体性"的概念最早是由著名的社会学家费孝通先生提出的，指本土文化要去主动适应现代化的发展，后来也引申为本土文化在面对外来文化时，既要对自身文化充分肯定，同时也要积极吸纳外来文化的优势，创新自身文化。而人在创造和享用文化的过程中渐渐意识到了自身在其中体现的价值，萌生了文化主体意识，产生了人的文化主体性，人的文化主体性的提升能够促进文化的发展和进步。人的文化主体性包括文化自主性、文化自觉性和文化自为性等，还有学者提出应包括文化自觉、文化自信、文化自省和文化自强等。总而言之，人的文化主体性属于人的主体性范畴，是人的本质力量的展现。

当今世界发展迅速，外来文化与我国传统文化的激烈碰撞使得文化的发展变得不协调，人们的文化主体性遇到了各种问题和矛盾，提升人们的文化主体性成为我国发展文化的重要内容。大学生是传统文化传承与创新的中坚力量，承担着文化复兴的重要责任，高校要增加大学生有关传统文化的知识储备，丰富大学生对传统文化的正确认知，使其从心理上自觉接受和认同优秀传统文化，对中华民族传统文化充满自信，增强文化自觉与文化自信。通过优秀传统文化教育，大学生能够真正认识和了解传统文化的作用和当代价值，理性对待中华传统文化和外来文化的关系，并能够主动改造和创新传统文化与现实不相符合的方面，使传统文化主动适应现代化的发展，从而体现文化自省和文化自强。因此，对大学生进行优秀传统文化教育，对于增强当今大学生的文化主体意识、提升大学生的文化主体性具有重要意义。

4.有利于大学生形成正确的价值观

文化由人创造并塑造人，优秀的文化能够丰富人的精神世界，成为增强人的精神力量的重要武器，优秀的传统文化能够为大学生正确价值观的形成提供正确的指导。大学生处于价值观形成的关键时期，在这个阶段，他们远离家庭与父母，走进校园开始独立生活，具有较强的自我意识，急于表现自己，渴望实现自身价值，却忽略了社会对个人价值实现的意义。

同时，在改革开放的思潮中，世界多元文化价值观传入我国，大学生极易受国外个人主义、功利主义和实用主义等的影响，一旦把握不好，会发生价值观的偏差，对正确价值观的形成产生不利影响。而优秀传统文化中所包含的"仁义礼智信"的做人原则、"忠孝廉耻勇"的个人品格、"温良恭俭让"的道德规范，都是值得中华儿女代代传承的优秀价值理念。

对大学生进行传统文化教育，充分发挥传统文化"以文化人"的重要作用，不仅有利于大学生体会文化的博大精深，更为重要的是能够使他们在思想激烈交锋的时代坚持自己的理想，坚定自身立场，维护优秀传统文化，并以此为指导实现人生价值，树立正确的价值观。

(三) 优秀传统文化促进世界和平发展的功能

优秀传统文化既属于中国，也属于世界；既具有中国价值，也具有世界价值。一方面，当今世界人类面临许多突出难题，经济增长乏力、地区发展不均、生态环境恶化等问题严重威胁着世界的和平与发展，优秀传统文化有助于这些问题的解决。另一方面，优秀传统文化富有民族特色，具有无穷魅力，是人类文化的优秀部分，能给世界其他国家的人民带来精神享受。

1. 以和为贵的发展理念

在如何实现发展的问题上，世界历史上曾产生过两种相反的发展理念："争"的发展理念与"和"的发展理念。历史上，许多国家和民族通过"争"的方式实现富强，特别是 15 世纪以来，一些西方国家通过掠夺、战争的方式谋求国家发展，给人类带来了深重灾难，中国也曾深受其害。当今世界，局部战争不断，地区冲突频发，世界大战爆发的危险仍在，其根源是一些国家和民族根深蒂固的"争"的发展理念。同时，人与人之"争"，人与自然之"争"，造成了个人主义恶性膨胀、生态环境严重破坏等人类难题。

与"争"的发展理念相反，中国古人主要选择了以和为贵的发展理念。《论语·学而》上说："礼之用，和为贵。先王之道，斯为美，小大由之。"《周礼·天官冢宰·大宰》上也说："以和邦国，以统百官，以谐万民。""和"在优秀传统文化中占有重要地位。以和为贵的发展理念包括两个方面。一是对内追求和谐发展，包括追求人与自身和谐、人与人和谐、人与社会和谐及人与自然和谐。中国古人强调："和也者，天下之达道也。""致中和，天地位焉，万物育焉。"（《礼记·中庸》）"不违农时，谷不可胜食也；数罟不入洿池，鱼鳖不可胜食也；斧斤以时入山林，材木不可胜用也。"（《孟子·梁惠王上》）这些都可以反映出中国古代追求和谐的思想。二是对外追求和平发展。中国古代在谋求国家发展、处理国际关系时主张采取和平方式。中国古人认为"以力服人者，非心服也，力不赡也；以德服人者，中心悦而诚服也"（《孟子·公孙丑上》），提倡"远人不服，则修文德以来之"（《论语·季氏》）。汉唐通过"和亲"加强与邻邦的友好关系，明代郑和七下西洋对沿途国家秋毫无犯，都充分说明了中华民族以和为贵的发展理念。

中国以"和为贵"的发展理念得到了世界一些著名学者的认可和重视。英国哲学家罗素认为，欧洲人的生活方式"要求奋斗、掠夺""中国人发现的并且已经实践了数个世纪之久的一种生活方式，如果能够被全世界所接受，则将使全世界得到幸福"。当今世界科学技术越来越发达，武器装备也越来越先进，战争已是人类不能承受之重，中国以和为贵的发展理念正是解决冲突、消弭战火、预防战争的思想良方。

· 15 ·

2. 公平正义的价值追求

西方有句名言："没有永远的朋友，只有永恒的利益。"这句话被西方人奉为处理人际关系、国际关系的圭臬。历史学家司马迁说："利诚乱之始也。"唯利是图的价值追求，是人类历史上许多问题产生的重要原因。当今世界，诸如恐怖主义、局部战争、贫富不均、生态破坏等问题，都可以视为唯利是图价值追求的结果。要想解决这些难题，必须转变唯利是图的价值追求。优秀传统文化中公平正义的价值追求，正确处理了"利益"与"公平""正义"的关系，能给解决当前许多人类难题以重要启发。

追求公平正义并不否定利益，而是正确处理公平与利益、正义与利益的关系，从而"兴天下之利，除天下之害"。近年来，在处理国际关系问题上，习近平总书记多次强调要践行"正确义利观"，指出："要找到利益的共同点和交汇点，坚持正确义利观，有原则、讲情谊、讲道义，多向发展中国家提供力所能及的帮助。""中国坚持国家不分大小、强弱、贫富一律平等，秉持公道、伸张正义，反对以大欺小、以强凌弱、以富压贫。""正确义利观"正是优秀传统文化中的重要内容，对当代人类正确处理"义"与"利"的关系，解决人类难题都具有重要的启示意义。

3. 辩证综合的思维方式

国学大师季羡林认为，几百年来盛行的西方文化产生了许多弊端，如环境污染、生态破坏、资源匮乏等。如果这些问题得不到纠正，人类将岌岌可危。他指出："弊端产生的根源，与西方文化的分析的思维方式有紧密联系。""西方形而上学的分析已快走到尽头，而东方寻求整体的综合必将取而代之。"许多学者认同这种看法，认为中国注重辩证综合的思维方式有利于解决人类面临的许多难题。

中西思维方式各有特点。一般认为，西方注重逻辑分析，中国更注重辩证综合，表现为重整体、讲辩证、尚体悟的思维特点。逻辑分析的方法对人类文明，特别是科技文明做出了巨大贡献，仍是当代最重要的思维方式之一。中国辩证综合的思维方式虽然被认为是中国明清以来科技落后的重要原因，但在解决当代人类难题方面也有一定优势。

一是注重从整体看局部，把万事万物看成紧密联系的整体，从而主张从局部现象观察整体问题，从整体角度解决局部问题。

第一章 绪 论

二是注重以辩证促平衡，认为万事万物都体现着对立统一，只有辩证把握这些对立统一，不走极端，才能保持平衡达到和谐。比如针对生态环境问题，《吕氏春秋·孝行览·义赏》上说："竭泽而渔，岂不获得？而明年无鱼。焚薮而田，岂不获得？而明年无兽。"这就是把眼前利益和长远利益辩证统一起来，以辩证的方式促进平衡。现代人类以"竭泽而渔""焚薮而田"的方式消耗地球资源，必然造成生态环境的破坏。

二、优秀传统文化对世界的影响

（一）优秀传统文化对亚洲的影响

2000 多年前，中国的丝绸之路为中国与世界各国之间的交往架起了一座坚实的桥梁。从总体上看，丝绸之路对中国的发展起到了巨大的推动作用，同时也对整个亚洲甚至世界各国的文化、经济发展都带来了不可磨灭的重要意义。

中国周边的国家是中国传统文化首先传播的地方，如越南、朝鲜、日本等，逐步形成了以本土为中心的中华文化圈，这种文化的形成多半由当时的历史条件所决定，且与当时各国之间的相互交流有直接关系。

1. 对朝鲜的影响

朝鲜是最早受到中国传统文化影响的国家。朝鲜身为我们的近邻，早在战国时期，中国的各类工具、金属制品就传入了朝鲜。与此同时，中国的诸多重要发明也都先传到了朝鲜，例如，中国的养蚕缫丝技术最早被朝鲜引进国内使用。除此之外，中国四大发明中的造纸术、印刷术更是早早就流入了朝鲜，这两大技术对朝鲜文化、经济的发展起到了巨大的促进作用。

新罗于明永隆元年打败了高句丽和百济，朝鲜半岛从此统一。此后诸多新罗政府学院人员以及留学生纷纷来到中国进行学习。回国后，他们依然按照中国的文物制度实施社会改革。由此可见，中国文治教化对新罗的文物制度产生了巨大影响。

在儒教传入朝鲜之后，朝鲜统治者提倡儒家思想，甚至兴办儒学教育。不仅如此，朝鲜统治者还将"儒学经典"和"留学"作为人才选拔的主要考试科目。朝鲜的古代建筑，也受到了中国传统文化的影响，如新罗都城平壤就是仿照长安、洛阳建成的，它也分外郭城、皇城和宫城。

· 17 ·

优秀传统文化的当代传承与价值探索

由此可见，在中华传统文化的影响下，无论是文物制度、学术思想，还是器用文化、文字风俗，朝鲜半岛的古代文明大多具有中国传统文化的色彩。由此可知，文化的传播是相互的，朝鲜在受到中国传统文化影响的同时，中国也从朝鲜学到了诸多东西，如早在南北朝时期的朝鲜歌舞等。

2. 对日本的影响

除朝鲜之外，日本也是一个较早受到优秀传统文化影响的亚洲周边国家之一。据史料记载，有许多中国人移居日本，这些人把大量中国文化也一并带到了日本。以下四个方面的中国文化对日本的影响最为深远，且传播最为广泛。

（1）史学

日本最大史书——《大日本史》，不仅在纪传、编年、志表、纪事本末等体裁方面承袭了中国史学，而且在史鉴上的尊王抑霸观念、君臣名分观念、正统观念等，也都在一定程度上受到了儒家鉴戒垂训的史学传统的影响。由此不难得知，该书在其体制和治史精神上都仿效了中国的史书。

（2）文字

追溯到秦始皇时期，日本还没有文字，是我国学者徐福将文字、医药术和农耕技术带到了日本，由此可以理解为，日本的文字起源于中国。从更深层次来讲，日本的文字实际上是在中国汉字的基础上进行了衍化或改变。日本一些史书中用的都是中国汉字，可见，中国汉字对日本文字的发展有着十分重要的影响。

（3）儒学

儒学在很早之前就传入了日本。在唐宋元明时期，儒学已经被大规模移植到了日本。不仅如此，日本的士大夫对中国的《易经》《左传》《尚书》等经典著作，都进行了较为深入的研究，这对日本本土的文化心理以及民族精神都产生了十分深刻的影响。儒家理论思想在很长一段时期里都是日本官方所确定的学校教育方针和国民道德准则，这种情况持续到了第二次世界大战前夕。

（4）佛教

佛教的起源地是印度，早在魏晋至隋唐时期就传入中国。在唐朝时期，很多名僧都去日本传法，佛教此时作为中国文化的一部分被传入了日本。之后日本受到了佛教较为深刻的影响。

3. 对东南亚国家的影响

中国传统文化对越南、柬埔寨、泰国、缅甸、菲律宾、斯里兰卡、新加坡等多个东南亚国家影响巨大。这些国家也早在几千年前就与中国建立了很好的交易往来关系。他们从中国带走了各类工具、技术，以及大量的青铜器、瓷器、丝织品等，这些东西在极大程度上推动了东南亚国家的劳动生产，并对这些国家产生了深远影响。如菲律宾的饮食文化，柬埔寨、泰国、越南的各项制度礼俗，文莱人的服饰艺术，马来西亚的桑蚕养殖等，这些都不同程度地受到了中国文化的影响。除此之外，我国有很多人移居东南亚，更是将文化传播到了那里，这也是为什么在东南亚国家有很多人说中文的原因。

（二）优秀传统文化对西方的影响

从"西学东渐"到改革开放，中国在受到西方文化深刻影响的同时，也对西方文化产生了直接或间接的影响。不管是中国传统儒家、道家的经典文化，还是中国武术、戏曲等传统文化的精髓，抑或节日、饮食等生活习俗，都为西方文化添上了浓墨重彩的一笔。

1. 文学艺术方面的影响

14 世纪初期，中国文化就被带到了西方国家，此时将中国文化带到西方的是意大利商人马可·波罗，他写的《马可·波罗游记》一书，正是将中国文化展现给西方国家的宝典。

直至 16 世纪末，西方基督教传教士来到中国，中国的文化获得了来自西方的更深层次的了解。传教士利玛窦来自意大利，他不仅在中国传播天主教，还是第一位认真研究学习中国典籍、中国文学的西方学者，而他也被称为一位不折不扣的汉学家。他带给西方的中国文化既有简单的地理知识和各地区的风土人情，又包括对中国思想文化更深层次的研究、学习和思考。中国的儒家思想是传教士利玛窦十分欣赏且推崇的，他认为中国的儒家思想可为国家的政治、哲学，乃至教育体制、礼俗规范等提供强有力的评价标准。

事实亦是如此，儒家思想在欧洲文艺复兴中起到了极大的推动作用，并当之无愧地成为欧洲近代启蒙运动的重要思想源泉。

2. 工具技术方面的影响

早在公元 522 年，东罗马部分学习者就来到中国学习养蚕技术，之后将中国养蚕技术带入了欧洲，但相较于中国瓷器作为商品被销售到欧洲的时间而言就稍晚些，大概是在明代。这些能够充分说明上述两种产品是古代中国向西方输出的主要产品。中国古代四大发明不仅开启了西方近代文明的先河，而且在极大程度上推动了人类文明的发展。

· 19 ·

（1）指南针对西方国家的影响

早在战国时期，中国人就已经发现了磁石吸铁和指示南北现象的存在，并根据该现象制造出了世界上第一个指南针，即司南。之后在宋代指南针被应用于航海，大约在1180年，被传入欧洲。

（2）造纸术对西方国家的影响

造纸术是中国古代四大发明之一，唐朝中期传入中亚、西亚的伊斯兰教国家，随后传入欧洲。造纸术传入欧洲不久便被广泛应用，提前结束了欧洲羊皮卷时代，这不仅加速了信息的传播，而且还增强了文化信息的储存能力。

（3）火药对西方国家的影响

阿拉伯人在13世纪末14世纪初期，将中国的火药带入欧洲，自此之后，火药便被欧洲广泛应用于军事领域，并逐渐成为统治者的有力武器。

（4）印刷术对西方国家的影响

毕昇是中国古代印刷术的创始人，毋庸置疑，该项发明可谓是人类印刷史上的一次空前革命。印刷术不仅是欧洲文化历史进程的助力器，同时也是促进文艺复兴的一把利剑。

三、优秀传统文化的当代价值挖掘

（一）优秀传统文化的当代价值

1. 儒学开放性对中国现代化起到了推进作用

儒家文化是中国传统文化的主体，对其他文化的开放性是优秀传统文化所具备的现代价值之一。与此同时，这也是中国传统文化能够延续至今，且在当今社会发挥作用的基本前提。个体对社会、国家所具有的参与感是中国传统文化和儒学开放性的特定意义。具体而言，这种参与感的侧重点并非在于当下功利性的结果，而是在于参与的实践过程本身。经过该文化模式对人们长时间的熏陶，人们能够克服或忍受艰难困苦，不断前行，这足以说明中国传统文化为中国现代化的实现起到了不可或缺的推动作用。

2. 变革以求发展鼓舞了中国现代科学热情

变革以求发展是最为突出的优秀传统文化的现代价值之一。在已经成为群体和社会取向的科学氛围中，接受和追求科学的要求成为制约人们行为、道德自律的真正内容。自我的修身养性在某种层面来讲可以转化为树立、培养、坚守对科学文明的信念和向往。中国传统文化一直主张求变，且当代中国的科学热情也在持续升温，这足以反映出道德在促进和鼓舞中国科学热情方面的积极助力作用。

3.传统文化中的人生价值指引后人前行

从人生价值层面来看，传统文化强调人的精神需求的重要性。如，当鱼（生命）和熊掌（道义）不可兼得时，舍生取义便成为人的自觉的选择。如此这般"正气"，塑造出了坚韧不拔的民族精神，使文化传统得以延续。然而，这并不代表传统文化不重视物质生命的价值。以物质生命传承为基础的孝道思想，使承载于生命的道德意识和自然知识的传播推广受到重视，不论是为财富、为声誉，或是为功名，它都鼓励人们努力争取。尽管这个"为"的有意识追求本身在宋明以后成为"人欲"，但作为一种内在的动力机制，它实际上支配着人的日常生活实践和价值追求。

如果我们能正确理解优秀传统文化中这种统一性与多样性的对立统一，我们就能够多方面、多层次、多角度发掘出其内在的现代价值，从而为建设适应社会主义现代化的新文化服务。

（二）挖掘优秀传统文化的现代价值必须遵循的基本原则

1.正确处理"一"与"多"的关系

继承与发展优秀传统文化的前提是坚持马克思主义指导地位。在巩固主流思想意识形态地位的前提下，科学处理主流文化与多元文化的关系是继承和发展优秀传统文化、巩固主流文化主导性的重要前提。因此，正确处理"一"与"多"的关系，建构科学的文化关系新模式是科学继承与发展优秀传统文化的先决条件。

在壮大社会主义文化的基础上，积极倡导多元文化并存的发展道路，科学处理"一"与"多"的辩证关系。要以中华民族发展的整体利益为根本出发点，坚持"一"与"多"的全面发展。

在处理"一元"与"多元"文化的关系时，始终坚持既不能走文化专制主义的老路，也不能倡导文化自由主义的歪路。

2.对传统文化"取其精华，去其糟粕"

对传统文化中精华与糟粕并存的成分，应善于辩证地扬弃，要以时代发展的要求为依据批判地继承。由于传统文化并不仅仅是封建文化，其中有部分内容在中华民族诞生阶段就已形成，在中华民族的整个发展过程中也始终存在。

对传统文化中的优秀遗产我们必须着意继承并大力弘扬。中华民族自古以来就有优良传统。传统文化中的积极成分过去哺育了我们的祖先，今后也将伴随着我们的后代走向未来。

3. 以科学的态度对待各种社会思潮

要树立科学的文化观，始终对文化有高度的自觉。科学的文化观是巩固文化主导地位，增强文化吸引力、凝聚力的思想基础。根据社会发展的现状，正确处理文化多样性的存在，首先要有正确的科学观念和科学合理的方法，对文化能够进行透彻的了解和认知。

要始终坚持马克思主义在社会主义文化领域中的领导权和主导权，发挥马克思主义在社会中的思想引导与整合功能，使马克思主义成为引领人们思想的旗帜；要根据社会实践的变化及时调整文化建设的策略与内容，使社会主义文化在实践中实现理论的嬗变以保持自身的先进性与主导性。

第二章　优秀传统文化的内涵阐释

第一节　优秀传统文化的基本精神

文化的基本精神是文化发展的内在动力，也是指导民族文化不断前进的基本思想。优秀传统文化在悠久的历史发展进程中，积淀和形成了自己独特而伟大的民族性格和民族精神。

一、优秀传统文化基本精神的内核

一个社会在长期的演变、进化过程中所形成的一种特有的精神气质便是文化，我们可以理解为，文化是一个社会的基本人文风貌。天地万物的活力、精气都从属于精神，当然，精神也包括事物运动发展精微的内在动力。文化精神是促进和引导民族文化不断前进、不断完善的基础思想和基本观念。

在中国传统文化发展的长河中，长期受到人们尊崇的，并成为生活行动最高指导原则的固有传统、思想观念，在历史上对社会发展起到推动作用，且成为历史发展内在思想源泉的，都属于中国传统文化的基本精神。

以下两点是中国传统文化基本精神所呈现出的基本特点：一是中国传统文化基本精神的影响覆盖面较广，时刻熏陶着广大人民群众，使之被广泛认同和接受，当之无愧地成为人们崇尚、追求的基本人生信仰及价值观念。二是中国传统文化基本精神在极大程度上能够保证民族的生存和发展，同时推动社会进步。

综上所述，中国传统文化的基本精神从其本质上来讲是中华民族在传统文化中凝聚的基本精神，它被众多国人熟悉，并不是什么高深莫测的玄妙想法。而且，它还对中国文化发展起到了主导作用，是处于核心地位的一些基本思想和观念。中国不仅具有悠久的历史和丰富的文化，而且具有十分浓厚的传统文化精神。

· 23 ·

二、优秀传统文化的精神大成

（一）自强不息

自强不息的精神是中华文明历经浩劫而传承的重要因素，是中华民族历经磨难仍屹立不倒的坚实力量，不管是对于先进的知识分子，还是对于一般民众，都产生了强烈的激励作用。可以说，自强不息的精神铸就了中国人民愈挫愈勇、百折不挠的高尚民族品格，凝聚、增强了民族的向心力，推动了中国社会和中国文化的发展，以及中华一体、国家一统的精神。

（二）天人合一

张载是中国宋代哲学家，他曾明确提出"天人合一，民胞物与"的思想。我们可以将这句话理解为"天和地就像父母，人和世间万物都是由天地所生。人，是我的兄弟；万物，则是我的朋友"。这句话充分肯定了人与自然界之间的统一，也就是中国传统文化基本精神所具有的人与自然相统一的思想。

说起天人合一，或称"天人合德""天人相应"，天人合一并非中国文化所独有的观念。纵观世界，在诸多宗教中都存在这类观念。除此之外，这些宗教还有较为详细、系统的修行方法。据说最早在春秋战国时期孔子已提出天人合一的思想，汉朝董仲舒引申为天人感应之说，程朱理学引申为天理之说。也有人认为最早是道家思想家庄子发展了天人合一的哲学思想体系。

1. 道家眼中的天人合一

在道家看来，天是自然，人是自然的一部分。因此庄子说："有人，天也；有天，亦天也。""天""人"二者本应是合一的，但在人类制定了一系列道德规范、规章制度等之后，人类原有的自然本性逐渐丧失，开始变得与自然不协调。人类修行的主要目的在于打碎加于人身的藩篱，"绝圣弃智"将人性解放出来，再度回归自然，从而达到"万物与我为一"的精神境界。

2. 儒家眼中的天人合一

儒家认为，天乃道德观念以及原则的根源，人与生俱来在心中就有一定的道德规则，这种天人合一便属于自然但不自觉的合一。后来的人们不能发现自己心中的原则，主要是因为人类在后天受到了各种欲望以及名利等外部因素的

第二章　优秀传统文化的内涵阐释

干扰。人类修行的主要目的在于去除外界各种欲望、名利的干扰，"求其放心"，最终达到自觉履行道德原则的一种境界，也就是孔子所说的"七十从心所欲而不逾矩"。

人是自然界产生的，是自然界的成员之一。需要注意的是，人类可以对自然进行了解，甚至是调整、改变，但在此过程中不应破坏自然，因为自然孕育了人类，如果破坏了自然，自然界迟早会惩罚人类。我们要热爱自然、珍惜生命、领会生命的语言、感受生命的存在，与自然的旋律交融相和，取得对方的信任，与大自然和谐共存，达到人与物质、物质与物质极度巧妙完美的结合。

（三）贵和持中

贵和持中是优秀传统文化基本精神之一，其讲究的是和谐，坚持中道。同时，贵和持中的精神是浸透中华民族文化每一寸肌肤的精神。

"贵和持中"的"和"指代的是"和谐"，即不同事物间的合作、结合能够达到一种最为理想的状态；"中"指代的是"中庸之道"，即折中调和的一种状态，不偏不倚。中国儒家对和谐十分重视，将"中和""中庸"视为最高价值，强调任何事若存在矛盾对立，则需要以礼为标准，保持和谐，既不轻易认同对方观点，又不固执己见。除此之外，这也是当时区分小人与君子人格做派以及道德水准的一个标准。

贵和持中作为优秀传统文化基本精神的重要组成部分，对我国民族的影响是深刻的、多方面的。这种精神主张调和社会矛盾，使之达到最为理想的中和状态，得到了全民族的认同，同时也引起了中国人民对实现和保持和谐局面的重视。求大同存小异，维护集体利益，做事不走极端，已经成为现代人的一个准则。可以说，贵和持中思想促进了我国民族精神的凝聚和延续。

（四）崇德尚义

崇德尚义是优秀传统文化主张的价值取向之一。人们在追求以道德为核心精神的同时，还强调儒家的"义以为上"和"太上立德"，也就是将道德视为最高价值，崇尚仁、义、礼、智、信等道德观念。崇德尚义这种崇尚道德、重义轻利的价值取向和文化精神，无疑对中华民族的发展产生了较为深远的影响，塑造了中国人以道德为上，重气节、重人格的民族性格，使得崇德尚义成为中华民族治理国家、个人修身、人际交往的重要理想追求和价值取向。尤其是在关系到国家

· 25 ·

命运、民族存亡的时刻，人们总是重视大局，以百折不挠的斗争挽救国家民族的命运。历史上，无数民族英雄的出现就证明了这一点。

不过，中国文化重气节、讲情操的观念也存在某些缺陷。例如，传统的气节观念往往成为封建士大夫斗意气、争高下、拉帮结派的催化剂。再如，在传统气节观念中，往往有不少表现为对某种抽象理念的膜拜，而忽略了阶级区别和政权本质。这些都有其特定的历史局限性，所以就需要我们理智判断，用科学的方法理解这些问题。

（五）民为邦本

民为邦本可谓是优秀传统文化基本精神的一个重要组成部分，不可缺失。从某种意义上来讲，它充分凸显了中国文化以人为本的特点。

"民为邦本"最早出自殷商时期的《尚书》一书，其后半句是"本固邦宁"。"民为邦本，本固邦宁"的意思是"人民是整个国家的根本所在，只有将根本稳固了国家才会安宁"。这充分体现了中国"以人为本"的思想，"民为邦本"同时也是对"民本"思想的继承和发扬。

在《左传》《国语》等典籍中，重民思想多处呈现。如："夫民，神之主也。是以圣王先成民而后致力于神"（《左传·桓公六年》）；"民和而后神降之福"（《国语·鲁语上》）；"国将兴，听于民；将亡，听于神"（《左传·庄公三十二年》）。显而易见，这些记载所反映出的重民思想并不是给人民以人格尊严和监督统治者执政的权力，而只是为了"兴国"，即维护统治秩序。重民只是手段，而不是目的。

以下两点是传统的民为邦本思想在中国传统文化中的基本走向：

一是在以封建帝王为代表的统治阶级中，他们把人民视为政权的根本基础，推行"保民而王"，利用人民群众的力量为封建帝王的统治效劳，而那时的人民群众只是封建国家赋税兵役的来源、手段、工具。

二是传统进步思想家通常会打着"民为邦本"的旗号，喊出时代的弊端，告诫统治者要轻徭薄赋、与民休息。

由此可见，民为邦本的思想深刻反映了人们从政治实践中所看到的统治者与被统治者之间相互依存的某种关系。这种思想在实际政治生活中影响较大，曾经成为促进封建盛世形成的指导思想和抑制专制君主暴虐无道、残害百姓的思想武器。正如有的学者所指出的，传统重民思想是没有公民权内容的。当时的君王是重民的主体，对于君王而言，"民"仅是被其重视的对象。虽然重民思想在某些问题上与君主专制有所矛盾，但纵观全局，它是对君王需要注意自己存在条件的警示，而非对专制君王的否定。先进思想家们所提倡的"重民"，也并不是否定君王，而是想把"重民"作为帮助君王固定其地位的一种手段。重民思想与君主专制主义二者之间并不矛盾，我们可以将其视为君主专制主义的一种补充。

第二节　优秀传统文化的基本特征

由于所处地理条件、经济土壤和政治环境等历史条件的不同，不同民族创造出了不同的文化。通过考察优秀传统文化的发展历程，透视优秀传统文化的内部构成，进行文化上的古今对比和中外对比，我们会发现优秀传统文化具有与其他文化不同的一些特征。这些特征不仅决定了它在历史上的形态和命运，而且也关系着它在当代能否实现价值、实现什么价值以及怎样实现价值等重要问题。

一、系统性特征

系统是由若干要素组成的具有一定结构和功能的有机整体。从系统的观点看，世界万物无不是由若干要素组成的一个系统，无不是组成其他系统的一个要素。不同种类的文化都是一个独特的文化系统，表现出独特的系统性。优秀传统文化作为一个文化系统，也表现出自己的系统性特点。

（一）文化要素完备

国学大师钱穆认为，一种文化必定由七个要素构成，称为"文化七要素"，并指出："古今中外各地区、各民族的一切文化内容，都逃不出这七个要素之配合。"这七个要素："一是经济，二是政治，三是科学，四是宗教，五是道德，六是文学，七是艺术。"正是这七个文化要素有机组合才构成了一个完整的文化系统。以这个标准评价，中国自从有文字记载以来的优秀传统文化中，这七个要素都已具备。在这七个要素中，中国古代尤其在政治、道德、文学、艺术等方面水平极高、成就极大，从而大幅提升了整个文化系统的品质。

· 27 ·

（二）文化结构稳定

优秀传统文化这一文化系统，由比较完备而优良的文化要素有机构成，其系统结构从一开始就表现出了较强的稳定性。

一是系统中起决定作用的经济土壤比较稳定。从新石器时期开始，中国就进入了农耕时代，虽然以后各代生产力不断发展，但这种以农耕经济为主的生产方式直到近代才开始逐步瓦解。

二是系统中起主导作用的思想比较稳定。先秦时期，儒家是周代封建宗法制度、礼乐文化的提倡者和支持者，成为首屈一指的思想流派。汉武帝年间实行"罢黜百家，独尊儒术"的政策，儒家思想开始成为中国的主导思想，这一地位直到近代才受到较大冲击。

三是系统中起关键作用的政治制度比较稳定。晚清政治家谭嗣同说："二千年来之政，秦政也。"毛泽东也说过："百代都行秦政法。"封建帝制实行了两千多年，而宗法制度从西周开始一直影响到近代。

（三）文化功能强大

恩格斯说："许多人协作，许多力量结合为一个总的力量，用马克思的话来说，就造成'新的力量'，这种力量和它的一个个力量的总和有本质的差别。"

优秀传统文化作为一个文化系统，其整体功能不是各种文化要素功能的简单相加，而是产生了巨大的"整体效应"。在中华民族发展壮大的过程中，优秀传统文化是增强中华儿女民族身份认同的文化标识，是抵抗外敌入侵的精神支柱，是维护民族团结统一的坚强纽带，是推进国家治理的思想源泉，是促进社会稳定有序的道德基础，是滋润人民心灵世界的精神食粮。这种强大的文化功能，直到今天还在发挥着不可替代的作用。

二、连续性特征

优秀传统文化作为一个文化系统，呈现出连续性的特征。历史学家柳诒徵说："实则吾民族创造之文化，富于弹性……虽间有盛衰之判，固未尝有中绝之时。"文化系统的连续性并非普遍现象，柳诒徵指出："世界开化最早之国，曰巴比伦，曰埃及，曰印度，曰中国。比而观之，中国独寿。"实际上，人类历史上曾出现的古老优秀文明最终整体中断的，除了古巴比伦文明、古埃及文明、古印

第二章　优秀传统文化的内涵阐释

度文明外，还有玛雅文明、提奥提华坎文明、印加文明、阿兹特克文明等，而古希腊罗马文明在欧洲中世纪曾一度湮灭无闻，直到文艺复兴才又重现辉煌。与这些中断的古文明比起来，中华文明表现出来的连续性确实非常独特。

（一）源远流长

考古学家发现，中华文化早在距今数万年前的旧石器时代就出现了萌芽，到距今五六千年的新石器时代就已先后出现了仰韶文化、大汶口文化、红山文化、良渚文化等文化类型，可以说是世界上产生最早的文化。文字的发明是文化史的标志性事件。马克思认为，人类社会是"由于文字的发明及其应用于文献记录而过渡到文明时代"。在我国，很早就有"仓颉造字"的传说，而中国已知最早的成熟文字是甲骨文。自从中国文字产生之后，我们民族的历史就有了文献记载，民族的文化就被生动详细地记录在各种文献之中，它们与流传下来的各种文物共同见证了中华文化源远流长、绵延不绝的历史。

（二）历经曲折

中华文化源远流长、绵延不绝的历史并非总是高歌猛进、一帆风顺的，而是经历过许多曲折的，甚至有过中断的危险。

第一种危险是来自内部的文化劫难。秦汉之际，中华文化经历了一场大的劫难。先是秦朝政府"焚书坑儒"，"及至秦之季世，焚诗书，坑术士，六艺从此缺焉"（《史记·儒林列传》）；其后秦末汉初连年战争，造成了大量文献资料、建筑、器物等的毁灭。秦汉之后的历次国内战争，无不造成文化上的劫难。

第二种危险是来自外部的文化冲击。近代以来，西方先进的工业文化侵入中国，对中国自身落后的农耕文化产生了巨大冲击，使中华文化再一次遭到了中断的危险。虽然经历了很多曲折，但由于中华儿女的坚强守护和中华文化的坚韧品质，最终总能化险为夷、渡过难关。

（三）不断发展

"江山代有才人出，各领风骚数百年。"中华文化的连续不是僵化平庸的连续，而是在漫长的历史中不断发展、高峰迭出的。以儒学为例，中国古代儒学由先秦孔子、孟子创立之后，虽在秦朝和汉初遭受了打击和冷落，其后就进入了不断发展、高峰迭出的历程，先后出现了两汉经学、宋明理学、清代朴学等发展高

· 29 ·

峰。再以文学为例，从《诗经》《楚辞》开始，中国古代文学不断发展进步、开拓创新，创造出了汉赋、六朝骈文、唐诗、宋词、元曲、明清小说等一系列文学高峰，出现了屈原、司马迁、李白、杜甫、韩愈、苏轼、曹雪芹等一批又一批伟大的文学家。这种不断发展、高峰迭出的连续性，表现出中华文化巨大的生命活力。

三、包容性特征

优秀传统文化能够发展不断、连绵不绝，表现出巨大的生命力和创造力，与其内在的包容性密不可分。文化上的包容性催生出文化的生命力和创新力。中华文化的包容性使中华文化能够在很长时间内不断发展而又高峰迭出，在世界文明体系中处于领先地位。

（一）对内的包容性

考古学家发现，中国境内很多地方都有早期文化遗迹，这说明中华文化是多元发生的，是在融合多种不同文化的基础上形成的，中华文化从一开始就具有很强的包容性。先秦时期，中国出现了诸子百家争鸣的生动局面，儒、墨、道、法、名、阴阳、杂、农、兵等思想流派竞相争鸣，产生了如孔子、孟子、老子、庄子、韩非子、荀子等一批思想文化巨人。先秦诸子百家的思想争鸣为中华文化的包容发展打下了坚实基础。汉代以来，虽然推行"罢黜百家，独尊儒术"的政策，但道家、法家、阴阳家，乃至佛学思想并未受到绝对"罢黜"，而是继续产生深远影响，甚至产生了儒、释、道深度融合的情况。与思想上的包容性一样，中华文化在艺术上也表现出了极大的包容性。以文学为例，《诗经》开启了文学的现实主义，《楚辞》开启了文学的浪漫主义，这两种风格在文学史上相互激荡，碰撞出了无数耀眼的火花。没有这种艺术风格的包容性，就难以出现如李白、杜甫、白居易、苏轼、曹雪芹等风格各异的文学巨匠。

（二）对外的包容性

自古以来，中华文化对外来文化都有一种兼容并蓄的包容精神。对外的包容性首先表现在对周边少数民族文化的吸纳融合上。近代思想家梁启超说："华夏民族，非一族所成。太古以来，诸族错居，接触交通，各去小异而大同，渐化合以成一族之形，后世所谓诸夏是也。"中华民族的疆域由小而大，人数由少而多，这个过程就是中原"诸夏"在文化上不断吸纳周边"蛮夷文化",化"外"为"内"的过程。这种情况最典型的是东晋和南北朝时期的文化融合。西晋末年,北方少数民族大举入主中原,胡汉文化激荡融合,中原汉文化包容吸纳了来自北方草原的胡文化。野蛮但充满生气的北族精神,给高雅温文却因束缚于礼教而冷淡僵硬的中原文化带来了新鲜的空气。魏晋南北朝时期对外来文化的吸纳融合,为璀璨繁荣的盛唐文化打下了基础。

对外的包容性还表现在中华文化对佛学的吸纳创新上。中华文化在历史上吸纳过许多外来宗教,其中对佛学的吸纳创新最为成功。东汉明帝时期佛学开始传入中国,其后在中华大地上开花结果,甚至出现"南朝四百八十寺,多少楼台烟雨中"(杜牧《江南春》)的盛况。佛学的融入,对中国的语言、哲学、文学、建筑、艺术等文化样式产生了深刻影响。

四、民族性特征

文化是民族的主要标识,不同的民族拥有不同的文化。现代哲学家张岱年认为:"文化的民族差异可以从人与自然的关系、民族关系、家庭关系、宗教关系等方面来分析。"优秀传统文化在处理人与神的关系、人与自然的关系、人与人的关系和民族与民族的关系等方面,表现出下面几个显著特点。

(一)尊人远神

中国在远古时期也产生过原始宗教和鬼神崇拜。殷商时期,"殷人尊神,率民以事神,先鬼而后礼"(《礼记·表记》)。西周代殷,其创立者吸取殷商灭亡的教训,由尊"神"转为"尊人"。《左传·庄公三十二年》中说:"国将兴,听于民;将亡,听于神。"孔子也说:"务民之义,敬鬼神而远之,可谓知矣。"(《论语·雍也》)这些都明确表现出重人轻神的态度。敬鬼神而远之,尊人民而近之,是西周之后的主流思想。虽然魏晋之后道教、佛教兴盛,但儒家思想一直是主流意识形态,中国始终没有出现全民性的宗教。中华优秀传统文化与世界上的其他文化,特别是基督教文化和伊斯兰教文化相比,这种尊人远神确实是一个突出的区别。

(二)崇尚自然

在处理人与自然关系的问题上,中国文化比较重视人与自然的和谐,而西方文化则强调征服自然、战胜自然。这种崇尚自然的思想首先表现为热爱自然。孔子说："知者乐水，仁者乐山。"（《论语·雍也》）陶渊明说："少无适俗韵，性本爱丘山。"（《归园田居》）李白说："五岳寻仙不辞远，一生好入名山游。"（《庐山谣寄卢侍御虚舟》）这些都表现出人们对自然的热爱。崇尚自然的思想还表现为保护自然。孟子说："不违农时，谷不可胜食也；数罟不入洿池，鱼鳖不可胜食也；斧斤以时入山林，材木不可胜用也。"（《孟子·梁惠王上》）荀子也说："草木荣华滋硕之时，则斧斤不入山林，不夭其生，不绝其长也。"（《荀子·王制》）为了保护自然，中国古代甚至还设立了专门保护自然的官员，即所谓"薮之薪蒸，虞候守之"（《左传·昭公二十年》）。

（三）注重道义

在处理人与人的关系上，中华优秀传统文化表现出注重道义的特点。中国人常说"见义勇为""仗义执言""义不容辞""舍生取义"等，这些都表现出对道义的重视。

注重道义，首先是在与"利"的对比中做出的选择。"天下熙熙，皆为利来；天下攘攘，皆为利往。"（《史记·货殖列传》）但取利要有道，所以孔子说："不义而富且贵，于我如浮云。"（《论语·述而》）清代思想家颜元批评"义"与"利"的分裂，主张"正其谊以谋其利，明其道而计其功"（《四书正误》卷一），也是把道义放在很重要的位置。

注重道义，还是在与"力"的对比中做出的选择。孟子说："以力服人者，非心服也，力不赡也；以德服人者，中心悦而诚服也。"（《孟子·公孙丑上》）所以他赞赏"居仁由义"而能"威武不能屈"的大丈夫。当然，优秀传统文化也不反对使用"力"，但也要师出有名、道义为先。

（四）追求和谐

"礼之用，和为贵。"（《论语·学而》）中华民族自古以来是一个爱好和平的民族，追求"百姓昭明，协和万邦"（《尚书·尧典》）的理想。"和"可以说是中华民族在处理民族与民族、国与国的关系时的一种高尚的追求。春秋战国时期，各诸侯国"争地以战，杀人盈野；争城以战，杀人盈城"（《孟子·离娄上》），给国家和百姓造成了深重灾难，因此许多思想家极力反对战争、呼吁和平。儒家提倡"远人不服，则修文德以来之"（《论语·季氏》）。墨家主张"非攻"，反对一切侵略战争。道家不崇尚武力，老子说："夫兵者，不祥之器，物或恶之，故有道者不处。"（《道德经》第三十一章）这种追求民族间、国家间和谐的思想，也充分体现在了实际交往中。汉唐通过"和亲"加强与邻邦的友好关系，明代郑和七下西洋对沿途国家秋毫无犯，就是这种思想的生动反映。

五、时代性特征

文化不仅有中外之别，而且有古今之别。毛泽东指出："一定的文化（当作观念形态的文化）是一定社会的政治和经济的反映，又给予伟大影响和作用于一定社会的政治和经济。"不同的文化产生于不同的时代，因而表现出不同的时代性。中华优秀传统文化产生、形成、繁荣、发展于中国古代：从经济土壤上说，主要是一种农耕文化；从政治环境上说，主要是一种封建文化。

（一）农耕文化

黄河、长江流域优越的自然地理条件孕育了中华民族以农耕经济为主、以游牧经济为辅的经济形态，中华文化可以说是一种典型的农耕文化。相比而言，西方文化主要是一种海洋商业文化。长期的农业生产使中华文化具备一些有别于海洋商业文明的特征。

1. 重农轻商

先秦诸子乃至后来的诸多思想家，包括孟子、韩非子、贾谊、晁错、范仲淹等在内，都有重农轻商的治国理念。在士、农、工、商四个阶层中，"农"在"商"之前，更受人们尊重。秦汉以来，历朝历代几乎都出台了重农轻商的国家政策。

2. 勤俭务实

农业生产只有勤劳才能收获，因为艰辛所以节俭。"锄禾日当午，汗滴禾下土。谁知盘中餐，粒粒皆辛苦。"（李绅《悯农》）这一千古传诵的诗篇，生动而深刻地反映了农业生产中的艰辛不易，以及对勤劳节俭的赞扬。

3. 安土重迁

在中国，人们的衣食住行都寄托在土地上，自然而然地产生了安土重迁的倾向。《汉书·元帝纪》中说："安土重迁，黎民之性。"实际上，只有农耕文化下的民族才安土重迁，海洋商业文化下的民族则易于、乐于迁徙。

优秀传统文化的当代传承与价值探索

上述农耕文化的几个特征，既是一种优点，同时也带来了一些弊端。重农轻商导致中国经济长期局限于农业经济，阻碍了工商业的发展；勤俭务实造成中国古代对科学研究的轻视，习惯把一切不助于农业生产的科学技术视为"奇技淫巧"；安土重迁不利于人口流动，造成了一定程度上的经济封闭和思想僵化。

（二）封建文化

历史学家翦伯赞认为，从西周开始，"中国的历史就进入了封建社会的初级阶段，出现了封建领主制的国家"。从时间上看，中华文化虽发源很早，但其发展和繁荣期无疑处于西周之后的封建社会，属于封建社会的意识形态，并服务于封建领主或地主阶级的统治。中国古代封建政治有两大特征：一是宗法主义，二是专制主义。西周初年，统治者建立了以血亲关系为基础的宗法制度，成为之后几千年中国政治、社会伦理的基础。中国古代"君为臣纲，父为子纲，夫为妻纲"的"三纲"思想，"饿死事小，失节事大"的"节烈"思想，无不是宗法主义的体现。毛泽东指出："这四种权力——政权、族权、神权、夫权，代表了全部封建宗法的思想和制度，是束缚中国人民特别是农民的四条极大的绳索。"从秦始皇建立封建帝制到清朝政权覆亡，封建君主专制政体在中国实行了两千多年。作为国家治理思想的法家思想和儒家思想，都是为君主专制服务的意识形态。大多数读书人的最高理想是"学成文武艺，货与帝王家""朝为田舍郎，暮登天子堂"。封建统治者还实行文化专制，甚至大兴"文字狱"。中华优秀传统文化所处的独特政治环境，决定了其无可避免地带有浓郁的宗法主义和专制主义特征。"天下大势，浩浩荡荡；顺之者昌，逆之者亡。"农业文明时代的大刀长矛抵挡不了工业文明时代的坚船利炮，封建主义时代的"宗法"和"专制"也比不上资本主义时代的"民主"和"科学"。因此，优秀传统文化由于时代局限性，受到了近代西方文化的猛烈冲击，也受到了近代一些知识分子的强烈质疑和批判。但是，优秀传统文化的这种时代的局限性掩盖不了其系统性、连续性、包容性、民族性等优秀品质，因此不能否认它的重要历史作用，更不能否认它的巨大当代价值。恰恰相反，优秀传统文化所包含的精神、制度、物质三个层面的基本内容，所具有的系统性、连续性、包容性、民族性、时代性，使它具有巨大的当代价值，对于当代中国乃至世界都具有重要意义。

· 34 ·

第二章　优秀传统文化的内涵阐释

第三节　优秀传统文化的思想成就

一、儒家思想

儒家文化是中国传统文化的重要组成部分，儒学也是我国历史发展最悠久的学派之一。儒家思想从创立起经历了几千年的历史变迁，在我国古代封建文化中扮演着重要角色，并随着社会发展、生产力的进步不断地适应统治者的要求和普通百姓的物质文化需要。下面笔者将对儒家思想的发展变化进行具体论述，并对儒家思想对中国的影响进行初步分析。

（一）儒家思想的产生及发展

孔子开创儒学已有两千五百多年的历史，伴随着社会的发展、生产力的提升，儒学从形式到内容都在不同时期发生了相应的变化。笔者将从先秦时期、两汉时期、宋明时期、清朝时期等重要的时间节点，来阐释儒学在不同时期的具体内容及发生的变化。

1. 先秦时期

在这一时期，孔子开创了儒学。想要了解孔子开创的儒学，我们不妨先来了解一下孔子所生活的年代。孔子出生于公元前 551 年的鲁国陬邑（今山东省曲阜市），约生活于春秋晚期。在那一个时期，礼乐制度开始崩坏，天子大权旁落，各诸侯心怀野心，互相争霸。正是在这种背景下，孔子通过研究周礼，提出了关于"仁"的概念，目的是维持当时的社会秩序，提倡恢复周朝前期的礼乐制度。那么，何为"仁"？"仁"用现在的话来解释就是"爱人"，这是孔子在研究周礼时，通过宗法制中的孝悌观念而得到的思想，并把它作为自己思想观念的核心。"爱人"要求人们"己所不欲，勿施于人"（《论语·卫灵公》），同时要"己欲立而立人，己欲达而达人"（《论语·雍也》）。那么，怎样做才能做到这一点呢？孔子又提出了"一日克己复礼，天下归仁焉""为仁由己"（《论语·颜渊》）。同时，孔子还提出个人在社会中的行为准则，即"非礼勿视，非礼勿听，非礼勿言，非礼勿动"（《论语·颜渊》）。

· 35 ·

优秀传统文化的当代传承与价值探索

作为儒家思想的集大成者，孟子和荀子也提出了自己对于儒家思想的想法和观念。孟子和荀子都生活在战国时期，相比于孔子所生活的春秋晚期，此时的社会更加动荡，战争频发，旧有的社会秩序已经分崩离析，而新的社会秩序尚未建立。这里，我们可以把儒家思想整个概括为"政"和"教"两类。孟子的主要思想偏向于"政"，他提倡"施仁政"。而荀子则偏向于"教"，因此他"重礼"。他提出"礼者，所以正身也；师者，所以正礼也"。同时，他又认为"礼者，法之大分，类之纲纪也，故学至乎礼而止矣"。从这里我们不难看出，这一时期儒家思想的主流偏向于仁义或者礼乐，都带有浓烈的理想主义。这样寄希望于统治者个人素质及自觉性的政治主张，在当时战争频发、社会动荡、礼崩乐坏的特殊历史时期，显然是与社会环境格格不入的。

公元前221年，秦朝建立，秦朝采纳法家的思想而治国，后来的"焚书坑儒"事件，使得儒家文化在历史上第一次跌入了谷底。

2. 两汉时期

秦朝末年，大量农民参加起义以反抗秦的暴政，最后由汉高祖刘邦推翻了秦王朝，鼎定天下，建立了汉王朝。汉朝初年，统治者吸取了秦亡的教训，在治国方面采纳了道家的无为之治，休养生息。汉朝虽然推崇道家的无为思想，但是依然重视儒家思想的效用：这一时期，儒学的主要作用就是传授历史文化知识。儒家的经典著作《诗》《书》《春秋》等，都在当时得到了统治者的充分肯定和重视。

汉武帝即位后，听取了董仲舒的建议"罢黜百家，独尊儒术"，同时设立"五经博士"，凡是不尊六艺、习孔子之术之人"悉去之"。这里值得一提的是，董仲舒所指出的儒术，显然已经与先秦时期的儒术有所区别了，这里的儒术是他和汉代初年几位儒学者继承前代并且发展了的儒术。这里的儒术吸纳了道家、墨家、阴阳家等各个学说的长处，从而发展成为董仲舒心中最理想的儒术。这里的儒术提倡"天人合一"，这种思想显然已经与先秦时期孟子的"施仁政"、荀子的礼法并重不同。这种理论不仅继承了先秦时期的理论成果，而且吸纳了墨家"兼爱""非攻"的理论，还将阴阳五行学说以及墨家某些带有宗教色彩的理论都吸收了进来。因此，阴阳五行学说也成为汉代以后儒家思想中不可或缺的一部分，为儒家思想的发展注入了新鲜的血液，使其焕发了活力。

此后，儒学发展进入新的阶段，董仲舒对于儒学的发展不仅致力于理论方面，更是把儒学与政治制度结合在一起。东汉时期，儒学不但成为人民所必须遵守的道德规范准则，更成为社会政治制度的律条。东汉晚期，政治腐败、社会黑暗，政治制度化了的儒学逐渐成为一个沉重的枷锁，束缚了人们的感情，随着儒学的衰败，东汉王朝也随之走向末路。

3. 宋明时期

魏晋南北朝，儒学的发展再次跌入谷底。到唐朝初年，政府官方大力发展道教，倡导黄老之学；唐朝中期以后，佛教、道教大肆盛行，对广大百姓及士大夫修身养性产生了非常大的影响。与此同时，藩镇割据，中央集权受到极大的威胁，在此影响下，许多儒学者开始重新向社会倡导孔孟之道，韩愈就是其中之一。到了宋朝，朱熹成为儒学的集大成者，我们称其学说为"理学"；到了明朝，王守仁成为儒学的代表人物，我们称其学说为"心学"。

宋明时期，重振儒学并且加以发展，使得这一时期的儒学不仅具有社会政治制度的功能，还具备了作为伦理道德使人修身养性的社会功能。宋之"理学"，以朱熹作为其代表人物，他重视个人修养，视名节如生死，故有"饿死事小，失节事大"的说法，此外，他还鼓励人们"存天理，灭人欲"；明代王守仁、陆九渊的儒学思想又被称为"陆王心学"，王守仁认为"心即理也"，以及"于事事物物上求至善，却是义外也。至善是心之本体"（《传习录》）。因此，他批判了"格物致知"这一理论，提出了"致知格物""格者，正也"，用心去感知善，去感知世间万物。这样的唯心主义思想让人们认为，世间皆是善人，是非善恶都出于"本心"，这有利于人的个体的充分解放，但是，这也导致了社会不良风气的快速盛行。

总之，此前以中央集权制度为基础的儒学，在宋明两代更加强化了它在社会政教两方面的作用。

4. 清朝时期

清代的儒学从宋明的性理之学逐渐转变为考据之学。在这里，不得不提到明末清初的三位儒学家，即顾炎武、黄宗羲和王夫之。首先顾炎武主要强调"经世致用"的实际学问。他主张把实际问题与理论研究相结合，试图改变那一时期不正的学术风气，他著有《天下郡国利病书》一书，提倡"实学"批判宋明理学。黄宗羲提倡"法治"反对"人治"，反对重农抑商，他的思想震动了当时的学术界，对晚清民主思潮的兴起也有一定的影响。而王夫之则认为"气"才是物质实体，"理"是客观规律；提出"气者，理之依也"和"天下惟器"的唯物主义观点，同时对朱熹的理学和王守仁的心学，提出了批判。到了清朝中叶，考据之风更盛，盛行一时的学派有乾嘉学派等。

而到了晚清，中国饱受列强欺辱，逐渐沦为半殖民地半封建社会。在这样的背景下，面对挑战，儒学家主要分为了三个流派。一是宋学派。他们主张"经世致用"，其中影响最大的莫过于"中学为体，西学为用"的思想，以这一思想为主导开展的洋务运动对晚清政治格局产生了极大的影响。二是维新派。他们以维新变法的领导人物康有为为代表，打出"尊孔复古"的旗号，实际是为他们的政治主张奠定思想基础，同时，他们还将西方进化论的思想与我国传统儒学相结合，提出了一套进化史观。三是国粹派。代表人物有章太炎、邓实等，他们主张注重宣传中国传统文化，并且宣传儒家重"夷夏之防"的思想，借以宣扬反清排满的民族主义，认为古文经学优于今文经学，同时批驳康有为的孔子托古改制说，以反对改良。当时，社会上有不少人都力求向西方学习，一味排斥中国传统文化，但他们认为只有国粹才是真正的救国之方，他们抨击新文化运动，带有浓厚的复古色彩。

（二）儒家思想对中国的影响

1. 儒家思想对中国传统文化的影响

自孔子开创儒家学派以来，发展至今已经有两千五百余年的历史，儒家思想所传承的经典并非单一的流派或者某一个宗教的经典，它吸纳了中国数千年历史长河中的百家思想，并不断发展，可以说儒家思想是整个中华文明的经典。自汉代"罢黜百家，独尊儒术"以来，儒家思想在我国历朝历代的治国安邦、追求长治久安的需求下发挥了巨大作用。虽然儒家思想也曾衰落过，但它长时间作为我国社会的主流思想并非偶然，可以说儒家思想经过两千五百多年的发展，是以中国历史的发展经验总结为基础的，是被人民选择的，它符合中华民族两千多年来的社会发展需要。

那么儒家思想何以成为我国传统文化的主流核心价值观呢？原因在于，儒家思想符合中国古代人民的历史文化环境和生存环境。首先，我国自古以来就是传统的农业国家，男耕女织的农业文明十分发达，在这样的背景下，形成了以家族宗法为主要形式的生产生活单位，儒家思想的主要内容恰好契合了这一点；其次，古代我国又是以中央集权的大一统的封建王朝的形式而存在的国家，而儒家文化恰恰符合统治者治理国家的需要。因此，儒家思想受到统治者的重视。

第二章　优秀传统文化的内涵阐释

"修身，齐家，治国，平天下"，这种理念正好适合我国古代社会发展和稳定的需要。

中国自古以来被称颂为"礼仪之邦"，这也与儒家文化有着密切的关系。孔子有云"朝闻道，夕死可矣"，孟子也曾说过"舍生而取义"，从中我们不难看出，儒家思想历来重视人们对于自身品格和修养的塑造与提升，如孔子、孟子把自己对道德和真理的诉求看得比自己的生命更加重要。这种思想很快就在社会中形成了一种风气，大家都崇德尚义。在这种社会风气的长期推动下，就逐渐形成了一种精神文明规范体系，我们称之为"礼"，"礼仪之邦"的社会面貌也就由此形成了。

总之，儒家思想在传承和发展中华文明方面起到了至关重要的作用，在塑造中华民族精神、培养中华民族气质上贡献了不可磨灭的力量，这在学术界已被公认，这也说明了儒家思想在我国传统文化中的地位是不可动摇的。

2. 儒家思想对现代文明的影响

实现社会主义的现代化和中华民族的伟大复兴是我们当前社会的主要任务。而儒家思想与现代化的经济、政治制度并不相悖。

首先，我们从民主与科学这一角度来看儒家文化。儒家思想的开创者孔子本身就非常注重学习，并且从宋代以来，朱熹等人也一再强调"格物致知"，这些都为近代西方先进的科学知识进入中国打下了坚实的思想基础。古代儒学家也一直鼓吹"民本"思想，虽然儒家的这一思想与近代民主政治之间有着不小的差距，但是在价值取向上是可以通向近代民主之路的。因此，中国近代的实践证明，我国以儒家思想为主导的传统文化是可以融合西方近代的民主与科学的。

其次，在第二次世界大战之后，东亚儒学文化圈中的各国经济快速发展；到了20世纪90年代后，我国经历了改革开放、经济腾飞，证明了实现现代化并不需要摒弃本国的传统文化，受儒家文化熏陶多年的国家及社会完全有能力通过自己的努力实现现代化。

再次，"兴国安邦""长治久安"也是儒家文化的主要思想之一，这一思想对于我国现代文明的建设更是有着极大的影响和意义。在当今的中国社会，社会主义市场经济的发展成为主流，经济迅速腾飞，中国一跃成为仅次于美国的世界第二大经济体。但就在这一社会背景下，社会风气愈加浮躁，人们的精神世界极度空虚。而儒家思想的价值理性则正好可以适应当前社会对道德规范和精神文明的需求，它可以填补人们内心的空虚，丰富人们的精神世界，这样就可以与当前社会的市场经济相互补充，使精神文明追上物质文明的步伐。

最后，在经济高速发展的同时，社会中人与人之间的关系也发生了新的转变。因此，在稳定人心方面，儒家思想起到了非常大的作用，它提供给人们的社会道德规范以及文化的归属感使人们能够安身立命，沉下心来工作和学习。这是一些外来文化和宗教所不能够代替的。

需要我们注意的是，儒家思想也并不完全正面没有瑕疵，任何文化都有好的一面和相对不好的一面，这就需要我们用心学习，取其精华，去其糟粕。对于儒家思想统文化的精华，我们要大力弘扬，让社会变得更加和睦。对于儒家思想中的糟粕，首先，我们应该正视，不应该否认其是儒家思想中的一部分，只有这样才更有利于认清其本质，摈弃之；其次，我们无需强调儒家思想中的糟粕，而是应该大力宣传儒家文化中正面的思想，加强正面思想的宣传。

值得一提的是，儒家思想中的精华和糟粕，有时不能简单地区分开来。比如说，儒家思想强调集体大于个人，这是正确的，但忽视个人是其不足之处；儒家思想强调道德教化，但忽视法制是其缺点。因此，对于儒家思想有时不能一概而论，需要辩证地看待。

总之，儒家思想从古至今都不是一成不变的，每一个历史时期儒家思想都会随着社会环境的变化而发展。因此，用心学习，努力把儒家思想与当代文化融合起来才是儒学发展的最终方向，这样才会使我国传统文化一直富有生机，被一代代传承下去。

二、道家思想

道家思想在中国传统文化中占有重要地位，发挥过重要作用。道家思想包含两个重要组成部分，一是以老子、庄子为代表的道家学派的思想，二是尊崇老子为尊神的"道教"宗教思想，这两者既有联系又有根本性的差别，共同构成道家思想。

道家作为诸子百家之一的学术流派，产生于春秋战国时期。在这一时期，中国社会生产力发展水平、政治制度以及阶级关系都在发生显著变化，诸侯争霸，群雄并起，阶级矛盾日益尖锐，思想斗争也无比激烈，正是在这种情况下，道家学派应运而生了。道家学派的创始人是老子，他也是后世道教尊奉的尊神。

第二章　优秀传统文化的内涵阐释

（一）老子及其思想

1. 老子的生平

老子，姓李名耳，字聃，一字伯阳，或曰谥伯阳，大约出生于公元前571年春秋晚期陈国苦县（古县名），中国古代思想家、哲学家、文学家和史学家，以及道家学派创始人和主要代表人物。

老子是世界文化名人，世界百位历史名人之一，与庄子并称"老庄"。在道教中，老子被尊为道教始祖，称"太上老君"。在唐朝，老子被追认为李姓始祖。老子思想对中国哲学发展具有深刻影响，其思想核心是朴素的辩证法。在政治上，老子主张无为而治、不言之教。在权术上，老子讲究物极必反之理。在修身方面，老子是道家"性命双修"的始祖，讲究虚心实腹、不与人争。老子传世作品《道德经》（又称《老子》），是全球文字出版发行量最大的著作之一。

2. 老子的哲学思想

老子认为世界上的任何事物都是相比较而存在的。美丑、善恶、有无、难易、长短都是相互依存的，有此才有彼，有是才有非，有善才有恶。表面看来，正反两个方面是相互对立的，而实际上又是相互包含、相互渗透的。"祸兮，福之所倚；福兮，祸之所伏。"任何事物都是你中有我，我中有你的，任何事物都不是一成不变的。老子在《道德经》第四十章提出"反者道之动"，就是说，当事物发展到一定程度就会向相反的方面转化，这就是"物壮则老，兵强则灭"。

老子认为，道的本性即自然无为，支配宇宙万物的根本规律和人类应当信守的基本行为准则就是自然无为。老子从无为的原则出发，反对人之有为，他认为有为破坏了人原始的自然淳朴，造成了人格的分裂，带来了虚伪、狡诈、贪欲、罪恶等种种社会丑恶现象，等到以仁义相标榜，则意味着仁义已不复存在。由此老子提出"绝伪弃诈""绝巧弃利"，主张"小国寡民，使有什伯之器而不用""虽有舟舆，无所乘之；虽有甲兵，无所陈之；使民复结绳而用之"。老子还主张贵柔处弱，认为"强大处下，柔弱处上""天下莫柔弱于水，而攻坚强者莫之能胜"，进而主张"上善若水"，认为最完善的人格应具有水一样的心态和行为，"处众人之所恶"，去别人不愿意去的地方，做别人不愿意做的事情，坚忍负重，居卑忍让。

• 41 •

（二）庄子及其思想

1. 庄子的生平

庄子（本名庄周，生卒年不详），字子休（亦说子沐），宋国蒙人，先祖是宋国君主宋戴公。庄子是战国中期著名的思想家、哲学家和文学家，先秦七子之一，道家学派的主要代表人物之一，创立了哲学学派庄学，与老子并称为"老庄"。

庄子对生死比较超脱。《庄子·杂篇·列御寇》记载庄子将死，弟子欲厚葬之，庄子曰："吾以天地为棺椁，以日月为连璧，星辰为珠玑，万物为赍送。吾葬具岂不备邪？何以加此！"他的学生说：我们怕乌鸦和老鼠把你吃了啊！庄子说：在上让乌鸦吃，在下让蝼蚁吃，"夺彼在此，何其偏也"。这是说，让天上的乌鸦和地上的老鼠蝼蚁都来吃吧，何必厚此薄彼，那不是太偏心吗？《庄子·外篇·至乐》说："庄子妻死，惠子吊之，庄子则方箕踞鼓盆而歌。"惠施责备他不近人情。庄子说："不然，是其始死也，我独何能无概（同慨）然，察其始而本无生，非徒无生也而本无形，非徒无形也而本无气。杂乎芒芴之间，变而有气，气变而有形，形变而有生，今又变而之死。是相与为春夏秋冬四时行也。"庄子把生与死看作自然的变化，因而主张不用为死人悲伤。

《庄子》一书是研究庄子学派思想的基本依据。最早说到《庄子》这部著作的人是司马迁。他说："故其著书十馀万言，大抵率寓言也。作《渔父》《盗跖》《胠箧》，以诋訾孔子之徒，以明老子之术。《畏累虚》《亢桑子》之属，皆空语无事实。"（《史记·老子韩非列传》）这里只说"故其著书十馀万言"及其思想倾向，未言书名和篇章数目，更无内、外、杂篇之分。《汉书·艺文志》著录"《庄子》五十二篇"，始有《庄子》之名。

2. 庄子的哲学思想

庄子在哲学思想上继承和发展了老子"道法自然"的观点，使道家真正成为一个学派。庄子才学匪浅，不可小视，著书十余万字，现存的《庄子》有三十三篇，其中内篇七，外篇十五，杂篇十一，想象丰富，跌宕起伏，妙趣横生，善于通过寓言故事来说理。

庄子的思想包含着朴素辩证法因素，他认为"道"是无限的、"无所不在"的，强调事物的自生自化，否认有神的主宰，提出"通天下一气耳"和"人之生，气之聚也，聚则为生，散则为死"。他看到一切事物都处在"无动而不变，无时而不移"中，却忽视了事物本身的稳定性和差别性，认为"天下莫大于秋毫之末，而太山为小；莫寿乎殇子，而彭祖为夭"。庄子在思辨方法上，把相对主义绝对化，转向神秘的诡辩主义。

庄子认为，真正的生活是自然而然的。所谓自然而然，就是不需要去教导什么，规定什么，而是摆脱一些东西，忘记一些东西，忘记成心、机心、分别心。庄子认为，宣传、教育、劝说都是人性的"造假"，应该抛弃。因此，自然生活不需要政治宣传、礼乐教育、仁义劝导。他认为人的生命是有限的，而知识是无限的，所以我们应该追求无限的知识和利益，把有限的生命推向极致，而忽略周围一切停滞的美。庄子认为，只有当我们不闲的时候，我们才能开展各种各样的旅行，才不会被任何思想或利益奴役。庄子的哲学思想对后来的中国哲学、艺术和宗教经典产生了深远的影响。

老庄哲学，作为道家学派的思想根基，在中国思想发展史上占有的地位绝不低于儒家和佛家，是在中国的哲学思想中唯一能与儒家和后来的佛家学说相提并论的古代伟大学说。相对论的认识是庄子思想的一个重要组成部分。庄子认为事物既有相对面，又有相生面，简单来说，即任何事物都具有正反两个方面，即互相对立和互相依赖。庄子还认识到事物总是向它对立的方面转化，虽然宇宙万物千差万别，而说到底又是齐一的、没有区别的。

从"道"与"物"的关系来看，庄子始终没有把"道"独立于物质世界之外，而是肯定道不离物。庄子的道，同帝王、神灵、日月、星辰等是密切联系在一起的，并且是贯穿和渗透于万物流动变化之中的。《庄子·外篇·知北游》说："物物者与物无际，而物有际者，所谓物际者也；不际之际，际之不际者也。谓盈虚衰杀，彼为盈虚非盈虚，彼为衰杀非衰杀，彼为本末非本末，彼为积散非积散也。"这里的"物物者""彼"皆指道。它说明自然界的盈虚、衰杀、本末、积聚之变化都体现着道的作用，同时又说明"道"是贯穿于一切事物运动变化之中的。庄子把"道"看作世界万物的根本法则或固有规律，这是对老子提倡"知常"的思想的继承和发挥。它表明道家已经意识到客观世界有其固有规律可循，只要我们认真探索，是可以顺应天道，改造客观世界的。这正是道家探索自然的根本目的。

三、优秀传统文化中的重要思想观点

(一)"重义轻利"的人生观

"重义轻利"思想出现于战国后期,主要论述社会伦理规范与人们物质利益之间的关系,在历史记载的史书中有孔孟对义利观的描述。孔子曰:"君子喻于义,小人喻于利。""君子怀德,小人怀土;君子怀刑,小人怀惠。"(《论语·里仁》)"饭疏食,饮水,曲肱而枕之,乐亦在其中矣。不义而富且贵,于我如浮云。"(《论语·述而》)孔子将持不同义利观的人分为君子与小人,在他的思想里,君子是将义置于个人利益之上的。

孟子也谈道:"苟为后义而先利,不夺不餍。""君不乡(向)道,不志于仁,而求富之,是富桀也。"义利思想分为三个层次:先利后义、以利说义、先义后利。随着历史的不断推进,在中国的古代、近代、现代史上有许多该思想的典型例子,如秦始皇的暴掠政策,不顾百姓,搜刮民膏修建阿房宫,为建长城徭役沉重,赋税很多,以及汉代董仲舒的"正其谊(义)不谋其利"(《汉书·董仲舒传》),近代的"立国之道,尚礼义不尚权谋,根本之图,在人心不在技艺"等。纵观历史发展进程中发生的故事,我们可以清楚地了解到,那些重视百姓利益,重视国家安危的朝代或者君王会被一代代的炎黄子孙记住与歌咏。"重义轻利"思想在当今社会依旧重要,从国家层面来说,国与国之间只有尊重交往的准则,重视道义,两国之间才能在和平中发展;人与人之间的交往亦同,贪图小便宜,只顾个人利益的人难以获得长久的朋友。

(二)"整体主义"的国家观

为社会、为国家、为民族的整体主义思想,是中华民族传统道德中的核心和一贯思想。中国传统文化中的整体主义思想主要体现为"公义、公利","公义"指的是国家、集体道义,"公利"指的是国家、集体利益。在春秋战国时期,历史伟人便提出了"尚公"的思想,"以公灭私,民其允怀"(《尚书·周官》),"夙夜在公"(《诗经·召南·采蘩》),"因民之所利而利之,斯不亦惠而不费乎?"(《论语·尧曰》),"得天下有道:得其民,斯得天下矣。得其民有道:得其心,斯得民矣。得其心有道:所欲与之聚之,所恶勿施尔也"(《孟子·离娄上》)。以上不同语句都在陈述一个观点,即将民众、国家利益放在首位,从整体角度谈

第二章　优秀传统文化的内涵阐释

及社会问题存在的原因及解决问题的办法。也正是这些思想的影响，在历史长河中留下了许多可歌可泣的故事。追寻整体主义思想的含义和起源，我们可以了解的是，整体主义强调的是国家、集体利益，为保家卫国可搁置争议、团结御敌，因此，整体主义思想即爱国主义思想的体现。

（三）"世界大同"的和谐观

世界大同思想是儒家的最高社会理想，世界大同思想和儒家最高人格理想是一致的，儒家经典《礼记·礼运》这样描述大同世界的社会景象："大道之行也，天下为公，选贤与能，讲信修睦。故人不独亲其亲，不独子其子，使老有所终，壮有所用，幼有所长，鳏寡孤独废疾者皆有所养，男有分，女有归。货恶其弃于地也，不必藏于己；力恶其不出于身也，不必为己；是故谋闭而不兴，盗窃乱贼而不作，故外户而不闭，是谓大同。"儒家对大同社会做了具体描述，明确了在大同社会天下是大家的，人与人之间是互助互爱的，每个人都会发挥自己的力量，所有老弱病残都有所安置。在这个社会里，所有物品是全民共有的，不用私藏，也不会有盗贼偷拿。

这样一个大同社会是令人向往的，在不同的历史时期也有先人对此提出了构想。例如，东晋时期陶渊明通过桃花源描述了对大同社会的追求，洪秀全以《天朝田亩制度》对大同社会进行了构想，康有为以《大同书》将其思想呈现于世。从先人的思想中，我们可回顾的是他们在努力寻求一个和谐有序的世界，在这个世界里社会富足、物尽其用、人尽其才。古代先人们追求的大同社会也正是我们今天所期盼并为之努力的。

• 45 •

第三章　优秀传统文化的当代传承思路

第一节　优秀传统文化传承的内涵、特征与意义

一、优秀传统文化传承的内涵

党的十八届五中全会明确提出，要构建中华优秀传统文化传承体系。这不仅有利于实现优秀传统文化的创造性转化和创新性发展，而且有利于推动中华文化繁荣兴盛，推动优秀传统文化走向世界。

关于优秀传统文化的传承，首先，要了解优秀传统文化当中所包含的精华所在和思想内核，并明确传承的内容、方法和传承的对象。习近平总书记说："优秀传统文化是一个国家、一个民族传承和发展的根本，如果丢掉了，就割断了精神命脉。"对于优秀传统文化的传承，要充分理解优秀传统文化的内涵和其中的学术价值和文化价值，联系当代生活实际，将优秀传统文化运用到生活的各个方面，对个人和社会进步提供有用价值和实用方案。

其次，要重视对优秀传统文化的传承。传承是我们民族延续和发展的重要条件，也是未来中华民族实现伟大复兴的重要保证。优秀传统文化中蕴含着巨大的思想价值和文化价值，对实现中华民族伟大复兴的中国梦具有非常重要的作用。优秀传统文化的传承不仅有利于我们走好中国的发展之路，而且有利于我们为世界各国提供中国智慧和中国方案。

最后，围绕当前传统文化传承的现状，探索实现新时代优秀传统文化传承的具体目标和方案。优秀传统文化的传承，一方面，要注重对受众的接受能力和实际效果的估测，充分保障社会公众的广泛性和稳定性，让社会公众主动发现、学习和传承优秀传统文化的内容和价值。另一方面，要合理运用当前信息化社会的

· 46 ·

网络数字化技术，将互联网作为传承优秀传统文化的重要途径，让优秀传统文化在数字化技术的包装下焕发新的生机和活力。

（一）优秀传统文化是马克思主义中国化的底蕴

马克思主义是科学的思想体系，同时也是系统的思想体系。生长于西方文化土壤的马克思主义思想，作为一种外来文化，如何将其应用于我国的革命、建设、改革实践中，是人们需要面对的时代课题。在马克思主义与中国实际相结合的过程中，中国优秀传统文化为马克思主义理论提供了一种精神底蕴。马克思主义理论与优秀传统文化实现了一种融合。

习近平总书记指出："在带领中国人民进行革命、建设、改革的长期历史实践中，中国共产党人始终是中国优秀传统文化的忠实继承者和弘扬者，从孔夫子到孙中山，我们都注意汲取其中积极的养分。"在新时代，我们要在学习和理解的基础之上，正确对待中国传统文化。只有以马克思主义思想为指导，辩证地看待中国传统文化，汲取优秀的传统文化，对文化中的糟粕予以丢弃，才能使马克思主义的中国实践不失中国特色和中国风格。以下是马克思主义中国化的具体实例。

第一，"全面建成小康社会"是党的十八大提出的奋斗目标。这一目标一方面是对传统文化中"小康"思想的借鉴与升华，另一方面是对传统文化结合中国实际国情的一种超越与转化。

第二，"和平统一、一国两制"方针是对中国特有的"和合"思维在时代背景下的阐释。

第三，"坚持依法治国和以德治国相结合"的理念是对传统法治思想和德治思想的一种现代性转化。

第四，"科学发展观"理念体现了传统文化中"天人合一"的思想。

第五，"习近平新时代中国特色社会主义思想"是对马克思主义中国化文化内涵的进一步阐述，其中的"治国理政思想"，不仅是中国传统治国安邦思想的超越与转化，而且是对中国传统的修身、齐家、治国、平天下思想的继承与超越。

第六，"构建人类命运共同体"理念是对中国传统文化中"天下为公""仁者爱人""世界大同"思想在创新视角下的新发展、新阐释。

要想实现文化活力的焕发，不是抛弃传统文化，而是对其中的优秀部分进行继承与创新。中国传统文化在马克思主义理论的指导下，不断与当代文化相融

• 47 •

合，传统文化中合理的文化内核通过创新不断积累与沉淀，成为当前中华民族的指引精神。马克思主义中国化，经过一百多年的发展，以其不断动态变化的创新之身姿，深深地刻入了中华民族伟大复兴的历史进程之中，在此过程中，优秀传统文化是马克思主义中国化的重要动力源泉。

（二）优秀传统文化为经济发展提供价值导向

当前，我们正处于大发展、大变革、大调整的交叉口，在经济关系的转型与变革的进程中，由于价值领域的愈发多元，道德领域出现一些迷茫与混乱，阻碍了社会主义市场经济的建设。当前人们急需解决的问题是：如何构建出可以促进现代化经济体系发展的价值导向。中国传统文化作为一种伦理型文化，其文化内涵中包含的文化观念和价值观念，都与社会规范有着紧密的联系。中国传统文化中蕴含的优秀文化基因，可以为社会主义市场经济不断朝着健康有序的方向发展提供有效的价值导向。

人们生活的进步离不开优秀传统文化的弘扬，而社会主义市场经济的发展也要求我国的文化建设要以市场经济的需要和要求为导向。社会主义市场经济的发展在带来显著成效的同时，一些弊端也初步显露出来，诸如市场上义利失衡现象，即市场上的一些商人和企业过于重视眼前利益，为获取利益而见利忘义、诚信缺失，这显示出一些人心中"义"的缺失。儒家思想是影响我国传统文化的重要文化体系，在义利关系和价值取向上，它倡导的是"见利思义""先义后利"，或是"君子喻于义，小人喻于利"，等等。传统宗法社会中的义利观，因为受到小农经济形态的影响，十分重视"重义轻利""以义抑利"的思想导向，这种理念因忽视了个人正当利益而存在一定的历史局限性，但是，其中也显示出了不容忽视的合理要素。社会主义市场经济的精神融入中国传统义利观中的合理要素，主张"义利统一"，尊重个人正当利益。这种观念一方面有利于规范市场经济秩序，最大程度避免私利化倾向的发生；另一方面有利于社会主义市场经济秩序的建设，使其更加和谐、文明。

诚实守信的价值观不仅可以加强市场主体的道德修养，还有助于市场经济契约精神的良性培养。市场经济究其根本是一种契约经济（信用经济），它的发展离不开诚实信用的价值观，体现了传统文化所强调的"仁义礼智信""君子养心莫善于诚，致诚则无它事矣"的思想。"信"之一字，不仅是持家、兴业的行为规范，还是一种做人的内在道德要求。首先，从市场主体的视角来看"信"，它代表着诚信意识与道德自律。重视诚实信用，可以使市场经济交往行为的道德稳

第三章　优秀传统文化的当代传承思路

定性得到加强，特别是在网络飞速发展的现在，对于市场中的买卖双方来说，良好的诚实信用的品行是非常重要的。其次，从市场秩序的视角来看"信"，诚信制度的构建，一要在社会主义法治经济中充分融入诚信；二要将政府在市场经济中具有的辅助功能充分发挥出来；三要不断加强与完善个人、企业、中介信用制度体系，最大限度保证市场竞争的公平性。蕴含在中国传统文化中的优秀基因，诸如"和合思想""大同理念""自强精神"等，不仅为社会主义市场经济的发展带来了具有重要导向作用的精神力量，还提供了重要的文化资源。新历史条件下的中国传统文化，在持续不断的巩固、拓展和创新的过程之中，展现出了旺盛的生命力，为当代中国政治经济学理论体系的创建，在文化资源方面做出了突出的贡献。

（三）优秀传统文化使中国人民增强文化自信

只有锲而不舍地对中国传统文化中的优秀思想，在传承与发扬的基础上进行创新，不断为中华民族的精神家园建设添砖加瓦，才能使这些优秀思想充分融入中华民族的血脉之中，培养出民族认同感、归属感，深入强化中华民族所特有的民族性格、民族精神和民族心态。优秀传统文化的弘扬可以加强不同民族间的交流，使人们充分感受到传统文化的魅力，从而实现民族与文化之间互动交流的目的。优秀传统文化增强了中国人民在世界舞台上的文化自信。

这里所说的文化自信，是指一个国家或民族在发展过程中的一种更基本、更深沉、更持久的力量，是文化强国战略的前提。彰显中国文化自信，是道路自信、理论自信、制度自信建立的基础。中华文明经过五千年的积累沉淀，文化血脉的不断延续是中国文化自信得以构建的重要基础，只有对中国传统文化所蕴含的优秀资源，在合理挖掘的基础之上，不断传承与创新，才能使优秀传统文化、近代文化和当代文化彼此融通。

包括了包容性、开放性和融合性特质在内的中国优秀传统文化，给中华民族提供了充足的文化自信，使其能巍然屹立于多元格局下的世界文化之林。中国文化在几千年的传承与发展过程之中，经历过辉煌也经历过衰败，但始终不曾中断，时至今日中国文化具有多重特质，表现为开放包容、兼收并蓄和融会贯通。中国文化创造的辉煌，离不开对外来文化精华的吸收与借鉴，只有以开放包容的姿态吸纳外来文化精华，并与本民族文化相结合，使其带有中国色彩，才能为中国文化发展带来新活力。

• 49 •

（四）优秀传统文化为社会主义核心价值观提供思路

经济基础决定上层建筑，上层建筑反作用于经济基础；社会存在决定社会意识，社会意识反作用于社会存在。有什么样的社会制度，就会有与这个社会制度相适应的核心价值观。在社会主义制度条件下，社会主义核心价值观的形成和发展就成为历史的必然，并通过它的反作用，巩固和促进社会主义事业的发展。社会主义核心价值观不是割断历史凭空产生的，它是在历史发展和社会演变进程中，通过继承和创新的方式形成和发展的。中国是一个有着五千年悠久历史的文明古国，积淀了丰厚的优秀文化遗产，既为世界文明历史做出了卓越的贡献，也为我国今天构建社会主义核心价值观提供了充足的血脉和基因。中国的社会主义制度脱胎于历经两千多年的封建社会，社会主义核心价值观无论是在构建的过程中还是在实践的过程中，都需要对其与优秀传统文化之间传承的关系有明确的认知。

作为中华民族的精神命脉，优秀传统文化不仅为社会主义核心价值观提供了重要的思想源泉，而且是使中国文化可以坚实地站立在世界民族之林中的重要根基。社会主义核心价值观的建设离不开优秀传统文化，二者之间有着紧密的联系。首先，社会主义核心价值体系是对优秀传统文化不断继承与升华的成果；其次，可以将中国优秀传统文化比作"源"，将社会主义核心价值观比作"流"，可见它们之间的关系是十分紧密的，优秀传统文化本身所具有的独特价值体系蕴含着丰富的、可用于社会主义核心价值观建设的思想资源。

社会主义核心价值观在不同的层面有着不同的侧重。首先，在国家层面，提出"富强、民主、文明、和谐"的价值目标；其次，在社会层面，提出"自由、平等、公正、法治"的基本理念；最后，在个人层面，提出"爱国、敬业、诚信、友善"的价值目标。这些不同层面的不同侧重，不仅体现了中国人民的价值诉求，还体现了社会主义本质要求。此外，社会主义核心价值观主要包括了三个维度，即个人、社会、国家，它们与中国传统文化倡导的思想体系，诸如"修身、齐家、治国、平天下"是相对一致的。在优秀传统文化之中蕴含着丰富的思想，不乏治国理政思想，其中包括了儒家所强调的民本思想，即"民为邦本""民贵君轻"，还包括了"天人合一"等诸多思想。中国传统宗法社会，尽管是以"家"为本位的，但依然重视将以血缘为基础的道德规范扩展到社会中。在中国古代社会中，"仁义"不仅仅意味着个人道德，还代表着社会价值。在孔子提倡

第三章 优秀传统文化的当代传承思路

的诸多思想理念中，在社会理想层面有"四海之内皆兄弟""天下大同"等，在社会维度层面有"老吾老以及人之老，幼吾幼以及人之幼"等，均为"自由、平等、公正、法治"社会的构建提供了重要的价值支撑。

社会主义核心价值观，是优秀传统文化的重要体现。社会主义核心价值观的培养，十分重视吸收中国传统文化的优秀基因，这是因为从中国优秀传统文化中可以获取源源不断的精神力量，既可以增强中华民族的向心力和凝聚力，还可以使具有当代价值的中国文化精神得到更好的发展与弘扬。

（五）优秀传统文化为解决人类问题做出贡献

随着经济全球化的发展、社会信息化程度的加深和文化的愈发多元化，各国之间的联系日益密切，但是，人类也面临着十分严峻的全球性问题，诸如贫富分化、环境污染等问题。这些问题的解决有赖于全世界人民的共同努力，而优秀传统文化为人们解决全球性问题提供了重要启示。在全球治理观的引导下，中华民族愿为解决全球治理问题贡献中国智慧。

"和"是贯穿于中华民族血脉的重要基因，强调"和平""和睦""和谐"的理念，主张"和而不同""以和为贵"。不管是中国的历史还是中国的现实，均十分尊重他国文化，不仅倡导平等交流，还主张互相借鉴。中华民族主张的是走和平发展道路，反对的是暴力与战争，这体现了中华民族几千年来热爱和平的文化传统，并且一直延续着对这一文化传统的继承和发扬。受到经济全球化的影响，各国之间的联系愈发紧密，优秀传统文化主张互利共赢，坚持正确义利观，主张国家利益与国际利益相统一。中国在西汉时期开辟的"丝绸之路"，将中亚、西亚、地中海各国连接了起来，在开展经济交往的同时，促进了文化的交流。"一带一路"倡议的提出，鼓励各国进行经济合作与文化交流，这一政策为发展中国家沿线经济走向现代文明指明了方向，提出了可用于全球治理的中国方案。

自改革开放以来，我国的综合国力得到了大幅度提升，随之而来的是中国在世界上的地位的提升，对世界和国际社会的影响力更加突出。中国从新的历史起点出发，基于优秀传统文化，以包容的心态，坚持"和而不同"的共处原则，充分尊重他国文明，加强与世界其他文化的交流，不断借鉴与吸收世界文明的优秀成果，结合现实国情进行一种创造性的转化和发展，使其成为具有本土化、民族化特征的文化内容，使优秀传统文化基因得以传承与发展，同时，为中国传统文化注入活水，使其焕发出新魅力，体现了优秀传统文化具有的现实意义，彰显了优秀传统文化具有的当代价值。

· 51 ·

优秀传统文化的当代传承与价值探索

二、优秀传统文化传承的特征

(一) 自我革新的品质保留最核心的特征

中国是世界四大文明古国之一。中国的传统文化饱经沧桑，在不同的历史时期或多或少地有所改变，但是大体上没有中断过，总的来说变化不大。这主要得益于它能在多次朝代的更替中不断进行自我调整，而其核心要素一直保留下来。

中国传统文化强大的自我革新、调整能力，使得近代以来一些西方大国惧怕"中国复兴"。但是崛起后的中国是否会提倡武力，还是按传统文化的精髓主张和平？实践中的中国方案已经给出了答案。如今得到世界各国普遍认可并写入联合国决议的"人类命运共同体"思想，就是源于儒家的"仁政"思想、墨家"兼相爱，交相利"的兼爱思想、法家"兵者，国之大事，死生之地，存亡之道，不可不察也"的反战思想等优秀传统文化。2019 年第 72 届世界卫生大会首次将起源于中医药的传统医学纳入《国际疾病分类》，传统医学进入国际标准体系，这彰显了我国中医药服务在人类健康服务中的能力和地位，体现出中医乃至中国传统文化中的"和合之道"。

随着历史车轮的滚动，无论是在古代还是在新时代，无论是自然的传承还是选择性的传承，优秀传统文化在不断自我革新的过程中能取各家文化之长而保留其最核心的特征，且其核心特征又能适应新时代的需要而赋予新的内涵和价值。

(二) 特有的多民族传统造就独特的文化

中国传统文化是中国所特有的，与世界上其他民族文化不同。中国传统文化是以满足自身需要的农业经济为主，以手工业为辅，以汉族文化为核心，在与其他各族人民的交流中融合发展的。这种条件下特定区域特定民族形成的文化圈，具有强烈的民族性。正因为它具有强烈的民族性，所以它是中华民族所特有的，具有独一无二的特性。当代著名的国际政治理论家塞缪尔·亨廷顿在其出版的书《文明的冲突》中指出"世界上是存在着多种文明的"，而"中华文明作为单一且独特的文明被大家所认可"。

由于我国幅员辽阔，地大物博，长期处于一个自给自足的环境下，中国传统文化因不同地区、不同民族的差异便形成了具有不同特点的地方民俗，如农民丰收节、传统古庙会、元宵节、少数民族庆贺节等，而且形成了独特的文化区域，如中原、荆楚、巴蜀、吴越等文化区域。不同民族、派别学说之间交融争鸣，形

· 52 ·

第三章　优秀传统文化的当代传承思路

成了诸子百家的文化思想，如儒家的"中庸"思想、道家的"无为"思想、墨家的"兼爱""非攻"思想、佛学思想等。传统文学中有律诗、古体诗、绝句、楚辞、宋词等。传统医学中有"望闻问切"四诊合参的方法、中医疗法、肢体疗法等。可以说，传统文化渗透在中国的政治、经济、文化、社会等各个方面，特定的区域及特有的多民族传统造就独特的中国传统文化。

（三）海纳百川的胸怀使其源远流长

中国传统文化历经五千年的历史沉淀而能源远流长的最重要的原因，就是其自身的包容性。在历史中成长的传统文化，虽然受传统自给自足的小农经济和中原地区自远古以来"面朝黄土背朝天"的生产方式影响，中国人的思想中难免会有封闭、保守的一面，但是，在多民族融合中成长起来的中国传统文化具备绝大多数国家都不具备的兼收并蓄的大包容、大气势和大气魄。其中的代表文化之一是儒家文化，儒家学说不局限于自身而汲各家学说之长。

儒家的"仁政"思想使得传统中国没有出现极端的专制和暴政。现今儒家的"己所不欲，勿施于人"的名言仍挂在联合国大厅里最显眼位置，作为对工作人员的要求，体现了西方思想界对儒家文化所体现的道德优势的推崇。

我们所称的"华夏文明"在夏商周时期只包括陕西、山东、河南等中原地区的思想文化，而现在的含义远超于这一地域限制。这是中国传统文化不断地吸收包容、兼收并蓄的结果。中国传统文化不仅吸收了包含藏族、回族、满族、维吾尔族等少数民族文化和其他区域在内的多种优秀文明成果，近代还吸收借鉴了西方文明，并形成了自己特有的文化。中国传统文化有以汉字汉语、中华武术、传统节日、传统文学、传统建筑等为载体的丰富内容，同时还有佛教的清心寡欲、儒学的中庸致和、道家的无为而无不为的人生哲学……丰富的内容、多样的形式、高深的哲学思想使其融进社会生活的各个方面。因此，中国传统文化这种强大的包容性，使得优秀传统文化冲破历史的障碍被累积下来而非互相取代。

简而言之，中国传统文化在历史长河中所表现的自我革新性、独特民族性、兼收包容性等特征是五千年文明光辉灿烂的重要原因，而且传统文化的传承特点绝不仅限于这三个，其世俗性、开放性、多样性、悠久性等都是中国传统文化传承中的特点，这些特点融进上面三个特点之中而构成中国传统文化最重要的特质。

• 53 •

三、优秀传统文化传承的意义

优秀传统文化所蕴含的内容是很丰富的,是全世界文化宝库中非常璀璨的一颗明珠,必须要加大力度进行继承与弘扬。实践是检验真理的唯一标准,把握新时代背景下优秀传统文化的传承要从实际出发,充分考虑其现实意义,为进一步深入研究做准备。

(一)有助于增强全民的文化底蕴

新时代背景下实现对优秀传统文化的传承不仅对于提升我国国际地位具有重要作用,而且可以潜移默化地提高全民族的文化知识水平和涵养,并在一定程度上增强国人的文化底蕴。

第一,为应对当前国际社会政治冲突、恐怖主义、文化多元化的现实境况,必须认识到传承优秀传统文化的重要性。优秀传统文化作为中华民族的共同财富,至今都对我们的生活、工作和学习有一定的指导和借鉴意义。第二,新时代背景下对传统文化进行创新要从青年一代开始着手。青年一代相对来说接受新鲜事物和外来事物的能力较强,易于吸收和了解传统文化中的精华。另外,青年一代能够起到承上启下的作用,他们更具影响力,推广范围更大,受众人群更广。第三,新时代背景下加强优秀传统文化的传承,对传统文化资源的保护与开发有一定的促进作用。文化可以起到"润物细无声"的效果,在潜移默化中能够实现对人的熏陶。由此可见,新时代背景下对优秀传统文化的创新与传承对培育中国人民的民族自尊心和自信心都大有帮助,也可以进一步提高我国在国际社会中的话语权。

(二)有助于增强中华民族凝聚力

中国优秀传统文化当中有着充盈的中华精神和厚重的中国智慧,在国际社会中具有一定的影响。一方面,新时代背景下对优秀传统文化的传承不仅要加强对优秀传统文化的挖掘,还要充分利用当前新时代背景下的网络环境和科学技术。实施优秀传统文化"走出去"战略,能够进一步发挥文化"润物细无声"的影响力,增强中国人民的民族凝聚力和认同感,并以文化自身的文明性、亲和力和感染力提升中国的国家形象。另一方面,要深入挖掘优秀传统文化的思想价值,使优秀传统文化成为建设中华民族共有精神家园的重要支撑,成为新时代鼓舞人民前进的精神力量。优秀传统文化中独具魅力的价值观念和道德情操是

第三章　优秀传统文化的当代传承思路

中华民族屹立于世界民族之林的文化之根。作为炎黄子孙的新一代社会主义接班人，更要从内心深处认同优秀传统文化所承载的价值理念，维护文化安全和民族团结。

（三）有助于提高国家文化软实力

中国是四大文明古国之一，积淀了中国先祖丰富的智慧和充盈的知识涵养。中国经济发展迅速，同时又是最大的发展中国家，一举一动都吸引着世界人民的目光。新时代背景下对优秀传统文化的传承一方面对于宣传中国的文明古国形象有一定帮助，有助于提升我国在国际社会中的知名度；另一方面可以维护全球语境下我国意识形态的安全，提升我国的文化软实力，扩大中华文化国际影响力。新时代背景下对于优秀传统文化的传承，不仅能够提升中国在国际社会中的话语权，而且能够为进一步传播中国的大国形象奠定坚实的文化基础。由此可见，文化同样是彰显综合国力的重要指标之一。

（四）有利于社会主义经济健康发展

随着世界各国间的联系越来越紧密，西方加快了以经济实力为基础的"强势文化"的输出，其形式不局限于文化方面，更多借助于经济、政治来发力：肯德基、麦当劳、好莱坞、NBA 等带有美国文化元素的事物冲击着中国市场。对于这些外来文化，我们既要抱有强大的包容性，又要时刻警惕其带来的强大冲击，无论是文化价值观方面的还是经济、政治方面的。文化受政治、经济的影响，同时文化对经济又具有强大的反作用。我们要传承并复兴优秀的传统文化，发挥其新时代的经济价值。中国优秀传统文化作为五千年来中华文明的结晶，其在新时代有大量可挖掘的资源，如中国的武术吸引众多海外弟子慕名而来，中医药传到海外治病救人等，这样的例子比比皆是。然而，我国虽拥有丰富的文化资源，但对于文化产业的开发利用大为缩水。因此，我们应充分挖掘中国优秀传统文化的经济价值，提高其在文化产业中的利用质量和效率。此外，中国优秀传统文化的经济价值不能仅停留在文化产业上，还要体现在对于经济领域行业的规范上。

儒家文化中的"仁"与"和"。"仁"就其基本含义而论就是爱人，即爱他、利他、成就他人的精神。"和"的思想几乎存在于人、自然、社会等多个关系链中，其"团结一致""和睦相处"的内涵在当代经济发展中提醒人们在追求自己利益的同时要关切他人利益，进而照顾到社会影响。"和"的思想会让人们自觉

· 55 ·

意识到只有整个国家的经济发展了，只有将市场共同做大做强，自己才能分得更大的"蛋糕"，有一个更为广阔的市场前景。"仁"与"和"对西方世界中所强调的个人本位所带来的社会纷争无疑是具有调和矛盾的功效的。近年来，诚信问题受到人们的广泛关注，如"毒奶粉""假粉条""阴阳合同"等，这些失信问题一次次触动着人们的神经。儒家的"仁"与"和"无疑会给予这些企业正确的道德鞭策，促进行业的健康成长。

（五）有利于社会主义和谐社会建设

优秀传统文化是社会主义文化的根基，其核心是儒家、道家与佛家思想。建设社会主义，建设和谐社会，离开这些优秀的部分，就缺少了根基，先进文化就成了无源之水、无本之木。我们要形成以中国优秀传统文化为主体的文化氛围，对外来的优秀文化予以借鉴，同时不动摇本国优秀传统文化的主体地位，这才是真正的兼收并蓄、海纳百川。

社会主义核心价值观提倡的价值追求要去中国传统文化中找答案：几千年来中国传统文化形成了以儒家的"仁义礼智信""温良恭俭让"为核心的道德准绳，对于当代和谐社会的构建具有重大意义。钱逊先生认为："传统文化中的仁爱精神，威武不屈的独立人格精神，忧国忧民、竭诚尽忠的爱国精神，'慎独'的高度自觉的道德精神以及敬老爱幼等，都是'传统美德'。"作为传统文化中的精髓部分，中国优秀传统文化传递的精神价值是人类文化价值的精华，备受世人瞩目。众所周知，"善行"是中国文化的主导思想，对于崇高的品行的追求是我们所热衷的，这一道德传统亘古未绝。这些优秀的传统道德无疑有利于社会主义和谐社会的构建。

另外，溯流至中国神话体系可知，神话中就已有催人向上、顽强不屈的传奇人物，如精卫、夸父及愚公等，此后我国文化中又出现了"厚德载物""天行健，君子以自强不息""民吾同胞，物吾与也""先天下之忧而忧，后天下之乐而乐"等著名的观念。这既是民族活力的体现，也是民族自豪感的源泉。我们要继续发扬这些宝贵的精神财富，使其展现出更强大的时代活力。这些高尚的道德无论是在引导人们树立爱国主义精神方面，还是在自觉提升自身的道德素养方面，都具有良好的教化作用。此外，历来主张"以和为贵"的中国传统文化，在"睦邻友好"等方面提供了参考，为和谐社会的建设提供了规范。

第三章　优秀传统文化的当代传承思路

（六）有利于新型大国外交关系的构建

中国传统文化中的"以和为贵"思想，是我们对外交往和处理民族问题的一贯主张。中国传统文化历来奉行"大一统"的思想，而中国传统文化也是维系两岸同胞亲如一家的纽带。同时，中国传统文化中的一些论述为中国实际问题的深入研究提供了新的方向。毛泽东思想是马克思列宁主义与中国革命实践相结合形成的指导性思想。周恩来在日内瓦会议中提出的和平共处五项原则，被作为国际处理国家间关系的准则而得到广泛认同，其"求同存异"的思想就源于儒家的"和而不同"思想。邓小平理论关于建设有中国特色社会主义的实践及其一套方针政策，使中国的经济、政治、文化有了突飞猛进的发展，改革开放震惊了全世界。习近平总书记提出的"人类命运共同体"思想和"一带一路"倡议，体现了中国秉承和平共赢的外交政策，与世界各国人民共享发展成果。这既符合传统文化的义利观，又符合共产党人为人类幸福而奋斗的伟大使命。

第二节　优秀传统文化传承的历史经验

优秀传统文化在发展过程中，从简单质朴的文化样式发展为博大精深的文化体系，从起源于黄河、长江流域的中国文化发展为享誉全球的世界文化，历经许多曲折，也取得了辉煌成就。在这一过程中，中国历代先祖传承发展优秀传统文化的成功经验值得今人认真总结和借鉴，并且要认真从失败中吸取教训。

一、尊重传统，坚守文脉

世界文化史上，有的传统文化绵延不绝，有的传统文化中断消亡，大多与其是否得到尊重和坚守有关。没有后人态度上的尊重和行动上的坚守，传统文化就难以传承。中华文化几千年来绵延不绝、生生不息，是中华民族始终尊重传统和坚守文脉的结果。魏文帝曹丕在《典论·论文》中指出："盖文章经国之大业，不朽之盛事。"这里说的虽是文章，但也可充分表明中国古代对文化事业的重视。中国古代在对传统文化的尊重和坚守方面，有以下成功经验。

・57・

（一）重视传统文化教育

中华民族自古重视传统文化教育。孟子说："夏曰校，殷曰序，周曰庠，学则三代共之，皆所以明人伦也。"（《孟子·滕文公上》）从夏商周时代起，我国就有国家学校"学"和地方学校"校""序""庠"等，用以教育民众，达到"明人伦"的目的。春秋时期，孔子收徒讲学，私学开始盛行。秦汉以来，政府设有太学、国子监，民间设有私塾、书院。但不论是官学还是私学，不论是政府开办的学校还是民间开办的学校，传统文化总是作为教学的主要内容。据记载，周的官学教授"六艺"，即礼、乐、射、御、书、数。礼是周公创制的古礼乐，是流传下来的古乐，都是传统文化。孔子收徒讲学，传授"六经"，即《诗》《书》《礼》《易》《乐》《春秋》。孔子认为"不学诗，无以言""不学礼，无以立"（《论语·季氏》），可见其对传统文化的教育非常重视。汉武帝"独尊儒术"，在长安建"太学"，设五经博士，专门讲授儒家的五种经典：《诗》《书》《礼》《易》《春秋》。魏晋以来，历代政府或设太学，或设国子监，均把儒家经典作为主要教学内容。除了政府教育机构，我国古代民间还盛行私塾，以《三字经》、《百家姓》、《千家诗》、《千字文》、《弟子规》、"四书五经"等为主要教学内容。中国古代在教育上对传统文化的尊重和坚守，使传统文化，特别是优秀传统文化得到长久的传承和弘扬。

（二）热衷于传统文化经典的编纂

古代文化传播手段有限，传统文化容易丢失或消亡。中国历史上经历过多次文化劫难，有些文化作品甚至永久消亡。但中华文化能够传承不绝，与古人重视和热衷于编纂文化经典密不可分。

1. 史书的编纂

中国从先秦开始就注重编纂历史书籍，编纂了《春秋》《左传》《国语》等优秀史书。汉代司马迁编纂《史记》，班固编纂《汉书》，形成了良好的国史编纂传统。这些优秀史书使传统文化得到了很好的保存和传承。

2. 文集的编纂

中国古代注重编纂文集，从《诗经》《楚辞》开始，各种经典文集层出不穷。其中既包括《论语》《孟子》《老子》《庄子》《墨子》《韩非子》等先秦诸子的文集，也包括秦汉以来文化大家们的各种文集，如《陶渊明集》《李太白集》《杜工部集》

第三章 优秀传统文化的当代传承思路

等。另外，还有《全唐诗》《全宋词》《唐诗三百首》《宋词三百首》《元曲三百首》《古文观止》等经典文集，在后世流传极广。

3. 丛书的编纂

中国古代政府注重大型丛书的编纂，《昭明文选》《永乐大典》《四库全书》是其中的代表作。以《四库全书》为例，该丛书分经、史、子、集4部，收录图书超过3500种，成书为7.9万卷，3.6万册，约8亿字，基本包罗了古代所有书籍。这种政府编纂的大型丛书，对民族传统文化的传承极为重要。

（三）注重传统文化人才的选拔

在中国古代，选官制度虽几经变化，但传统文化通常是选官的重要标准。先秦选官采用世袭制，官职根据血缘关系世袭，但能够出类拔萃的官员往往也是对传统礼乐文化掌握较好者。据《左传》《国语》等先秦史书记载，尧、舜、禹、汤、文、武、周公等形成的文化传统、留下的文化典籍都被历代王朝所重视。孔子说："诵诗三百，授之以政，不达；使于四方，不能专对。虽多，亦奚以为。"（《论语·子路》）可看出当时官场对《诗经》等传统文化的看重。战国时期，有文化、有才能的士阶层崛起，逐渐取代世袭贵族的地位。汉代选官采用察举制，选拔德才兼备者任官，特别选拔"秀才"和"孝廉"，所推举者是能够躬行传统美德、具有治国能力的人才，对传统文化的掌握程度是重要选拔标准。

隋唐以来，选官实行科举制，开始通过考试选拔官吏，儒家经义成为重要考试内容。贞观年间，政府规定只要通晓《礼记》《左传》等经典中的一门就可以入仕做官，很多儒士因学业优异被提拔任用。宋真宗赵恒在《励学篇》中说"书中自有黄金屋""书中自有颜如玉""男儿欲遂平生志，五经勤向窗前读"。他鼓励人们通过读书获取功名利禄，并且强调要读"五经"等传统文化经典。明清之后，科举制度更为完备，考试内容限定在"四书五经"以内，阐释解读必须参照朱熹的《四书章句集注》，这种情况一直延续到清末科举制度废除。在中国历史上，传统文化作为选拔官吏的重要标准，无疑对传统文化的不断传承起到了关键作用。

中国古代之所以对传统文化如此尊重和坚守，是因为古人始终认为传统文化是国家长治久安、社会和谐有序、文脉传承发展的精神基础。后人在传统文化中学习治国理政的智慧，培养为人处世的品质，汲取文艺创作的营养，乃至获得实现人生价值的资本。这些动机都激励着人们尊重和坚守传统文化，使传统文化得到成功传承。

• 59 •

二、广泛争鸣，深度交融

在唯物辩证法看来，矛盾是事物发展的源泉和动力，也是事物保持活力的内在依据。文化作为由诸多文化要素有机构成的系统，其活力源于系统内部诸要素之间、系统与系统之间的矛盾运动。文化只有始终存在这种活跃矛盾运动，才能保持长久的生命力和创新力。这种矛盾运动既表现为文化争鸣，即文化上对立的一面；又表现为文化交融，即文化上统一的一面。一种文化就是在不断的争鸣与交融中，保持着向前发展的动力和活力。中华文化几千年来生生不息，始终保持着生机活力，正是由于传统文化的广泛争鸣与深度交融。

（一）广泛的文化争鸣

所谓文化争鸣，是指文化上的差异和对立。在中国传统文化发展史上，文化争鸣是广泛而持久的。

1. 主次文化争鸣

纵观中华文化史，儒家文化居于主导地位，其他文化居于次要地位。但这种主导地位的确立，是经过长期的争鸣实现的。孔子创立儒家思想之后，就一直受到其他思想的挑战。这些挑战先是来自先秦墨家、道家、法家等思想，后又来自秦汉以来的佛学思想和其他思想。通过一次又一次的儒与墨、儒与法、儒与道、儒与释和儒与其他思想的争鸣，儒家思想逐渐丰富和完善，成为中华民族古代社会的主导意识形态。

2. 内外文化争鸣

中国传统文化从古至今经历了一个由小到大、由弱到强的过程。在这个过程中，中国传统文化的内部系统与外部文化系统不断争鸣，在争鸣中逐渐发展壮大。最初，中国传统文化主要繁荣于黄河两岸的中原地区，在与周边其他民族和地区文化的争鸣中不断扩大影响。随着中华民族疆域的扩大以及世界文化交流的推进，中国传统文化与世界其他文化，特别是印度文化、伊斯兰文化和西方文化也发生了广泛争鸣。

3. 古今文化争鸣

中国传统文化在发展过程中，还一直进行着古今争鸣。中华民族自强不息的精神和革故鼎新的理念，决定了文化上必然发生古今争鸣。在思想领域，孔子的

第三章　优秀传统文化的当代传承思路

儒家思想产生以后，后起的墨子、庄子、韩非子等思想家对孔子的儒家思想进行了猛烈批判。在儒家思想内部，孔子之后，孟子、荀子、董仲舒、朱熹、王阳明等思想家也对儒家思想进行了不同于前人的阐释。在文学领域，唐诗、宋词、元曲、明清小说等文学样式先后出现，产生了许多优秀作品。通过文化上的广泛争鸣，传统文化始终保持着发展的活力。

（二）深度的文化交融

所谓文化交融，是指文化上的融合和统一。文化争鸣是文化"异"的一面，文化交融是文化"同"的一面。文化争鸣的过程，往往也是文化的交融过程。

1. 主次文化交融

儒家思想在传统文化中虽处于主导地位，但儒家思想也一直与其他思想进行着深度交融。先秦时期，儒、墨、道、法等诸子百家思想既广泛争鸣，又深度融合。《汉书·艺文志》中说："其言虽殊，辟犹水火，相灭亦相生也。仁之与义，敬之与和，相反而皆相成也。"说的正是诸子百家思想深度交融的一面。秦汉以来，儒学在发展过程中，大量地吸收了佛教、道教的营养，不断充实自己的内容，完善自己的形式，从而保持了自己蓬勃的生命力。儒家思想与道家思想、佛学思想深度交融，甚至一度出现儒、释、道三教合流的文化现象。

2. 内外文化交融

中国传统文化发展的过程，也是中国传统文化内部系统与外部文化系统不断深度融合的过程。我国哲学家、哲学史家张岱年认为："中国文化的主体和核心——华夏文化是在华、戎、狄、夷等部族的融合中诞生出来的。"汉代佛教传入中国，魏晋南北朝之际，北方少数民族文化大量传入中国，与中原地区的华夏文化产生激烈碰撞和融合。"野蛮但充满生气的北族精神，给高雅温文却因束缚于严格传统而冷淡僵化的中国文化带来了新鲜空气。"内外文化的深度交融，给中国传统文化输入了新鲜血液。

3. 古今文化交融

文化上的古今交融，表现为历史上一些时期文化上融合古今的现象。以古代文学为例，虽然一个时代有一个时代的文学，但后人的文学创作经常自觉地融合古今，纠正时弊，创造出新的文学作品。唐诗、宋词、元曲、唐宋散文、明清小说，每一代新的文学形式都表现出融合古今的情况。以《红楼梦》为例，它是创

• 61 •

作于清代的章回体长篇小说，在思想上融合前代儒、释、道等各家思想，在文体上融合了前代诗歌、散文、戏曲等各种文体，在艺术上借鉴了前代《西厢记》《金瓶梅》等文学经典，成为中国古代文学的集大成者。传统文化的深度交融，使它可以不断地博采各家之长，保持长久的生机活力。

文化争鸣与文化交融相互促进，文化争鸣使不同文化显示优劣和高下，为文化交融提供前提；文化交融使不同文化相互吸收精华，为文化争鸣提供保障。在中国传统文化发展过程中，文化争鸣使传统文化系统始终保持发展的张力。文化交融则经常给传统文化系统输入来自外部的、时代的新鲜血液，使传统文化经常以新的面貌获得发展。文化争鸣与文化交融共同使传统文化保持生机活力。

三、注重继承，勇于创新

传统文化"传"下去，有两种基本方式：一是保持原样"传"下去；二是有所创新"传"下去。也就是说，传统文化的持续传承，是通过文化继承和文化创新两种基本方式实现的。文化继承，侧重于"继"，是把传统文化，特别是把优秀传统文化"继"下来、"传"下去。文化创新，侧重于"新"，是通过对传统文化的创新发展，使传统文化以"新"面貌"传"下去。文化继承和文化创新是相辅相成的，没有文化继承，文化创新就会缺少根本和源泉；没有文化创新，文化继承就会失去生机和活力。

（一）继承传统文化

传统文化需要继承，是因为传统文化中的一些核心内容是该文化系统的基因和标志，如果改变或丢弃，这种文化就会发生性质变化，甚至面临中断消亡的危险。中国传统文化在发展过程中非常注重文化继承，特别是对传统文化中的核心内容注重尽量保持原样地继承。中国传统文化的关键人物孔子，说他自己是"述而不作，信而好古"（《论语·述而》）。朱熹解释说："述，传旧而已；作，则创始也。"（《论语集注·述而》）也就是说，孔子对传统文化主要采用的是一种"继"下来、"传"下去的方式。孔子晚年整理修订六经，对《诗》《书》《礼》《易》《乐》《春秋》做了大量"述"的工作，对中华文化产生了深远的影响。秦汉以来，知识分子对传统文化"述"的工作可谓持之以恒，特别是汉代、唐代、清代的知识分子尤其重视对文化典籍的整理修订，中国先秦乃至后世历代的重要文化典籍也因此能够原汁原味地保存至今。

除了在文化典籍方面，中华民族对传统文化中的民族精神、治国理念、传统

第三章 优秀传统文化的当代传承思路

美德、文学艺术、历史经验、思维方式、语言文字、民俗节日、饮食服饰等方面也都注重进行一以贯之的继承。例如，热爱祖国、自强不息等民族精神，"民为贵""为政以德"等治国理念，仁爱、诚信等传统美德，春节、端午、中秋等民族节日，这些都被很好地继承了下来。传统文化的继承，不仅使中国传统文化绵延不绝，而且给中华民族带来了深厚的文化营养和持久的文化动力。

（二）创新传统文化

与文化继承相结合，文化创新也是传统文化持续传承的重要方式。在传统文化传承过程中，完全保持原样地继承几乎是不可能的。传统文化需要创新，因为时代一直在"变"，文化必须因时而变、推陈出新，否则就难以为继。以儒家思想为例，其作为中国传统文化中处于主导地位的思想，本身的传承过程也是继承和创新相结合的过程。

儒家思想创立之后，随即就受到来自墨家、道家、法家等的思想的挑战，秦汉以来又受到道教、佛教等的思想的挑战。儒家思想为了生存和发展，进行了一系列创新。战国时期的孟子和荀子、汉代的董仲舒、宋代的"二程"（程颐和程颢）和朱熹、明代的王阳明都对前代儒学思想进行了创新性的阐释和发展，儒学也先后出现了先秦儒学、两汉经学、宋明理学、陆王心学、清代朴学等不同发展阶段。传统文化的创新，不仅发生在思想领域，而且发生在语言文字、文学艺术、伦理道德、制度礼仪等其他文化领域，中国古代的语言、文学、书法、绘画、建筑、戏曲、制度等都出现了不同程度的创新。这种持续的文化创新，使中华文化得到了更好的传承。

总的来说，传统文化的传承，首先，需要后人尊重和坚守传统文化，通过态度上的尊重和行动上的坚守，使传统文化绵延不绝；其次，需要人们在传承传统文化的过程中，注重文化的争鸣和交融，保持传统文化的生机活力；最后，人们只有既注重继承，也注重创新，两者有机结合，才能使传统文化得到持续传承。

第三节 优秀传统文化的当代传承策略

在继承和发展优秀传统文化的实践中，坚持正确的传承原则是做好传承工作必不可少的前提。要想使传承工作落到实处且卓有成效，社会民众要积极参与，

· 63 ·

政府也要行使对公共文化的服务职能。设置政府主导和社会参与的模式，对传统文化采取合理有效的保护措施，在传承与发展优秀传统文化的同时，还能为社会公益事业做贡献，从而调动更多的人投身传统文化的学习。中华大地悠久的历史和深厚的文化底蕴形成的传统文化遗产，是延续中国传统文化的命脉。因此，应按照科学发展观的要求，采取多样化的方法和手段，构建起有效的优秀传统文化传承体系。

一、加强和重视中国传统文化的价值体系构建

中国传统文化具有鲜明的整体性，各种文化形式之间相互贯通、相互影响。只有在比较全面地了解中国文化各个门类形式的基础上，才有可能对其总体特征与实质获得较深入的理解。中国传统文化中的"孝、悌、忠、信、礼、义、廉、耻"是做人的根本，也是先师孔子的德育内容的全部精髓。"仁义礼智信""以和为贵""兼爱""尚贤""自强不息"等文化元素都需要大胆地发扬光大，都应该成为学习传统文化的重要组成部分。西方文化中包含的科学精神、民主思想、法制观念、人权理论等文明成果，要像学习马克思主义一样，吸收、消化并使之中国化，成为中国文化中浑然天成的一部分，使中国传统文化的价值体系更加完善。许多腐朽、落后、愚昧的成分已经难以适应中国特色社会主义现代化建设实践的需要，必然会被文化自身的新陈代谢抛弃。中国传统文化的传承与改造要有面向现代化、面向世界、面向未来的时代意识，坚持取其精华、去其糟粕，古为今用、洋为中用，从而构建完善的价值体系，使优秀的中国传统文化得到弘扬和发展。

二、构建现代文化产业体系，发掘优秀传统文化

发展传统文化产业、满足人民不断增长的精神文化需求，是推进文化改革发展的重要抓手和重要途径之一。加快推进我国传统文化产业不断发展，应进一步结合现代科学技术，积极探索和创新传统文化产业的生产方式。各个地区应结合自身优势，从自身实际出发，科学合理地谋划布局传统文化产业的发展空间和发展潜力，寻找符合自身的传统文化发展体系和产业化道路。充分发挥市场的基础性作用，推动文化企业的改制与重组，使文化资源向具有一定优势的企业和领域集中，集中培育一批新文化企业，加快与科学技术结合的步伐，加快技术创新，掌握核心技术，尽快形成创新成果，丰富和发掘一批优秀传统文化产品，提高传统文化产品的质量，使文化企业不断增强竞争力，参与国际竞争。

第三章　优秀传统文化的当代传承思路

要不断寻找突破口，推动文化产业与其他相关产业的结合、创新，深化文化产业结构调整，推动文化与农业、工业以及服务业的横向发展，不断融合、衍生产业链条，提高文化产业蕴含的附加值。重视打造高端传统文化品牌，树立品牌形象。充分发挥高校、科研机构的科研优势，健全传统文化技术创新体系，增强文化产业核心竞争力。加强传统文化创意与文化企业的结合。同时，将城市建设和农村建设与传统文化建设相结合，统筹发展，科学规划，提高城市和乡村建设的文化品位。促进资本向文化产业的聚集，促进传统文化事业的壮大、发展。

三、树立文化的品牌意识，创建名牌文化工程

文化是国家软实力的重要源泉，而且软实力已经成为衡量一个国家综合国力的重要因素。而传统文化发展的根本动力在于改革和创新，传统文化创新就是要不断打造有自主知识产权的文化品牌。当今世界的竞争日益激烈，全球化不断加深，我国的文化市场也不断遭受着来自西方的侵蚀和冲击，唯一出路只有发展设计中国自己的传统文化名牌产品，积极参与国际竞争，同时不断借鉴国外的先进文化内容、文化技术和先进的管理经验，学习西方传承传统文化的先进做法，深度开发我国特有的传统文化资源，利用我国地大物博、文化资源丰富的优势，加大传统文化创新投入力度，形成自己的文化品牌和特色，鼓励、支持有实力的文化企业和优秀文化品牌"走出去"，和国外文化品牌进行竞争，在"走出去"的过程中增强中国文化企业和中国传统文化产品在国际市场中的核心竞争力。

要适应人民群众传统文化需求的新特点和审美情趣的新变化，不断推进传统文化内容形式的创新，推动不同艺术门类和传统文化活动相互融合，积极运用声、光、电等手段提高传统文化的表现力，实现题材、体裁、风格流派和表现手法的多样化。要积极运用现代科技手段开发利用民族文化资源，改造传统文化产业，催生新的传统文化业态，大力发展传统文化创意、文化博览、动漫游戏、数字传输等新兴产业，加快构建传输快捷、覆盖广泛的传统文化传播体系。通过举办具有本地和民族特色的文化艺术节、开展特色旅游和举行传统节日庆典等文化活动与文化形式，如北京的京剧和各式各样的庙会、天津的"狗不理"、河南省的"武林风"和"梨园春"、云南省的"云南印象"系列、东北的"二人转"系列、陕北的"信天游"，以及闽台地区纪念妈祖活动等地方文化活动，都各具特色，形成了各自的文化品牌，是各自地区名片，也是中国优秀传统文化的代表和真实写照。打造文化品牌，能够使我国的传统文化事业生生不息，代代相传。

· 65 ·

四、依托现代传媒技术，拓宽传统文化的传播途径

随着网络信息化时代的到来，现代传播手段和传播技术极大丰富，中国传统文化的传承需要利用好这一发展契机，在网络、虚拟社区、媒体平台上更好地进行传播，提升其现实环境下的传播适应力，形成新常态下传统文化的长效影响力。网络信息传播技术具有易传输、成本低、高保真的特点，几乎综合了其他传播方式的所有优点。依托于现代的传媒技术和传播体系，传统文化内容的表现更显张力，这种灵活性的丰富表达让人们可以看到传统文化内容的多个层面。移动媒体平台已经完全渗透于人们的生活中，可以说大众随时随地可以接收到传统文化的内容。"互联网+"的传播模式更是让传统文化形成了产业文化的效应，在市场范围内推出的产品、服务更是受到人们的广泛欢迎。

在微信、微博、博客、贴吧、QQ等平台上，人们通过文化交流，获取了更多关于传统文化的信息，这种分享式的传播方式更能提升传统文化的时代带入感，深化其现实主题价值。以多媒体发展为渠道的传统文化内容在传播上通过音乐、视频表现的方式，将传统文化内容进行创造性的发展，为大众呈现了一道道"艺术大餐"，使传统文化和大众的生活更加接近，在潜移默化中加深了大众对传统文化内容的了解。

例如VR（Virtual Reality）技术又称虚拟现实技术，它为人们提供了一个无法到达而又感受真实的虚拟世界。逼真可信的VR技术正在逐步成熟，而成熟的VR技术将为人们提供一个360°视角、集听觉和触觉为一体的虚拟现实，这种综合化的感官体验技术也为传统文化的传承提供了契机，人们借助VR技术就可以足不出户地看到巍峨壮丽的明长城、完好无损的清代圆明园，还可以游览宋《清明上河图》中的热闹集市，前沿的科技技术为人们全方位、多感官、可互动地体验欣赏优秀传统文化提供了可能。

五、加大社会舆论宣传力度，创造良好社会氛围

面对市场经济日益发展和信息技术广泛应用的新形势，我们应该更加重视正确的舆论导向，切实提高舆论引导能力，加大文化宣传力度，面向社会，面向大众，不断提高正面宣传的能力。坚持以团结稳定鼓劲、正面宣传为主，充分发挥主流媒体的引领作用和"桥头堡"作用，要通过新闻媒体和社会舆论加强宣传，完善文化建设服务平台，引领健康的文化生活和文化潮流，扩大文化影响力。高度重视互联网等新兴媒体的应用和管理，在提高网络文化产品服务和供给能力的

第三章 优秀传统文化的当代传承思路

同时，要切实加强网络舆情监测、分析和判断，及时发布权威信息，主动引导网上舆论，在重大问题上有所作为，在关键时刻有话说，牢牢掌握话语权和主动权。

要想加大文化的宣传，就必须深入基层，面向大众，扩大群众基础。推进文化惠民工程，切实保障群众的基本文化需求和权益。同时在此基础上，我们要进一步加大工作力度和资金投入，提高服务质量和标准，改变工作方式和管理模式，鼓励和支持广大群众开展各式各样的文化活动，使广大农村地区和其他基层文化阵地范围不断发展壮大，充满活力与生机。要进一步健全机制，拓宽渠道，推进各项农村文化活动开展经常化、固定化。继续推进广播、电视、电影进农村、到全家，建立健全农村文化信息和网络覆盖，完善农村文化服务体系，提高服务质量，实现资源共享，在广大农村建设一批重点文化建设与推广的惠民工程，形成完善的城乡一体的文化服务体系。合理配置城乡文化资源，把文化发展繁荣的重心放在基层，优先安排基层文化建设项目，大力实施"公益文化建设工程"，开展文化"三下乡""进社区""送书送戏送电影下乡"等形式多样的文化活动。大力宣传全国各地优秀的、具有特色的传统民俗文化和传统民族节日，如北京在春节期间组织的各种庙会活动、西双版纳的泼水节、闽台地区纪念妈祖的仪式活动、蒙古族的那达慕大会等各式各样的群众性文化活动和节日，都需要通过电视、广播、电影、报纸、杂志、互联网等媒体，不断深化宣传，加大民族特色文化和传统文化在人民群众中的传播力度，夯实群众基础。

六、积极吸收其他国家包括西方国家的优秀文化精华

不可否认，任何一种文化都有其历史进步意义和时代局限性。西方理性主义文化开启了西方现代化的新时代，也推进了整个人类社会历史发展的进程。与优秀传统文化相比，理性主义文化代表更先进的生产力，是对以自然主义为基础的封建社会生产力的超越，具有历史进步意义。然而，理性主义文化的进步，并不完全否定优秀传统文化是人类恒久、共同追求的价值。随着西方现代化的不断推进，理性主义文化模式虽然在一定时期内推动了西方现代化历史进程，但现代性的资本主义属性使其在促进人的全面发展和社会健康运行等方面的弊端日益显现，历史局限性逐渐显露，但这并不等于西方理性主义文化就再无任何价值。

由此可知，从整个人类精神的总体性而言，人类共同的精神成果是累积的、相互补充的。因此，应正确看待他者文化，要在多种文化的交流互鉴中推进我国

· 67 ·

优秀传统文化转化发展。西方文化和中国传统文化，不是谁取代谁、谁战胜谁的问题，每种文化都有各自的独特价值和独特精神，都是为适应一定时代、一定民族而产生的，应该坚持和而不同、互通互鉴、取长补短、共同发展，真正做到各美其美、美人之美、美美与共、天下大同。

积极吸收其他国家包括西方国家的优秀文化精华，首先应该立足本民族发展实际，坚定自我发展立场，在学习西方文化的同时注意用科学性对待西方文化，积极吸纳有益成分，坚决避免照搬照抄、全盘吸收的盲目现象。其次，在吸收其他国家包括西方国家的先进文化思想精华的过程中，应注意克服盲目自大和自卑自弃两种倾向。这两种倾向是中国近代以来在对外文化交流中容易产生的两种错误态度，在学习过程中，应注意交流是双向和平等的，文明没有优劣之分，切忌自大或自卑心态。

第四章 优秀传统文化的社会价值实现

第一节 优秀传统文化的社会价值阐述

一、优秀传统文化对社会主义政治文明建设的价值

历史上，优秀传统文化在价值导向、民族凝聚、精神激励等方面发挥着重要作用。当代，结合国际背景、国内发展状况、全球生态环境，我国提出了"五位一体"的发展战略，其直接目标是实现经济、政治、文化、社会、生态的和谐均衡发展，根本目标是为人民生活和生产提供一个良好的环境，推动社会的全面进步。传统文化是古代人民在实践中形成和发展的，我们可以以史为鉴，发挥传统文化的积极价值。政治文明指的是政治的不断进步和政治进步过程中取得的积极成果的总和。社会主义政治文明是人类社会政治文明的最高阶段，它主要指的是社会主义国家的执政党在马克思主义及其与时代结合的产物的引领下，带领人民在实践中形成的一种政治进步，包括进步过程、进步状态和进步结果三方面。一个国家走什么样的政治发展道路除了与当前的基本国情息息相关之外，还和历史传统有很大关系。中华民族传统文化特别是中国传统政治文化的优秀成果有助于推进我国社会主义政治文明建设。中国特色社会主义民主政治发展道路离不开中国传统的政治环境、社会环境以及文化环境。

（一）民本思想有利于完善社会主义民主制度

民主制度的发展情况能够反映党的执政文明水平，社会主义民主制度的不断完善是保证党顺利实施各项政治活动的前提。目前，我国已经有了包括人民代表大会制度、民族区域自治制度、中国共产党领导的多党合作和政治协商制度等在内的一系列有中国特色的政治制度，奠定了民主制度的基础。民本思想具有传统

· 69 ·

文化特色，不仅在中国古代政治生活中发挥了积极作用，而且对当前社会主义民主制度的发展具有重大影响。我们需要不断发展和完善民主制度的具体细节，推动中国特色社会主义政治文明的建设。中国的民本思想起源于远古时代，最早出现在《尚书·五子之歌》中，"民惟邦本，本固邦宁"，意思是人民是国家的主体，人民生活幸福了，社会就稳定了，国家就安宁了。春秋战国时期，民本思想得到了较大发展，这一时期的民本思想体现在民贵君轻、安民利民、勤政爱民三个方面，出现了一批阐发民本思想的思想家，如孔子、孟子、荀子等。汉代思想家贾谊对民本思想进行了概括总结。虽然传统的民本思想在本质上是为了维护封建统治，但其优秀的部分仍值得我们借鉴。另外，民本思想可以激发公民参与政治生活的热情和信心，从而集中民智，推动我国社会主义民主制度的建设。

（二）德法兼重有利于丰富社会主义法治理念

中华文化历来重视德治思想，主张运用教化治理天下。中国两千多年封建社会"人治"的特点决定了我国社会主义法治理念的发展和完善是一个长期而艰难的过程，但优秀传统文化中也包含法治的思想，并且德法兼重，符合"以德治国"和"依法治国"相结合的治国方略。我们应该在社会主义法治建设中不断借鉴与吸收传统文化的优秀成果。中国古代治国方略可以概括为"德主刑辅""阳儒阴法"或"王霸兼用"，既强调"德治"，重视发挥伦理道德的引导作用，又不忽视法的惩治作用。自夏、商、周到明、清四千多年，中国古代法律制度发展脉络清晰，内容虽然多以维护统治阶级为主，但从另一方面佐证了我国古代社会就有了法治思想。社会主义法治指社会主义国家坚持依法治国，表现为党依法执政、政府依法行政、公民依法行使权利并履行义务。从1949年开始，我们国家就开始了长达几十年的社会主义民主与法治建设的探索。今天，依法治国在我国的政治文明建设中被赋予了极高的地位，党的十八届四中全会通过了《中共中央关于全面推进依法治国若干重大问题的决定》。实现法治的第一步是创制一套完备的法律和制度体系，做到有法可依，将国家事务的管理纳入法律和制度的轨道，公民依照法律要求行使权利并履行义务，任何公民平等适用法律，在违法时都会受到法律的制裁。但是如果单一强调法治会使民众对法律产生法不容情的心理认知疲倦，影响法律的实施，所以现代社会也不能忽视德治的作用。我国几代领导人都强调了"依法治国"和"以德治国"相结合，法治和德治是辩证统一、相辅相成的，用法治体现道德理念，用道德滋养法治精神，既强调法律对道德建设的促进作用，又强调道德对法治文化的支撑作用。由此可见，如果我们把传

第四章　优秀传统文化的社会价值实现

统文化中的德法兼重思想融入当代社会的法治建设，既可以丰富社会主义法治理念，又有利于维护良好的社会秩序。

二、优秀传统文化对社会主义市场经济建设的价值

（一）优秀传统文化与社会主义市场经济建设的关系

中国古代的经济形式是以农耕经济为主的自然经济，而工商业经济的发展步履维艰；明清时期，我国出现了资本主义萌芽，但资本主义经济形式并没有在我国形成；新中国成立初期，我国学习苏联走计划经济发展道路，国家管得过死，经济缺乏活力，制约了我国生产力的发展；邓小平高瞻远瞩，提出市场经济不是资本主义的专利，我们社会主义国家同样可以实行市场经济，从而解放和发展了我国的生产力。每一种经济发展模式都有其弊端，虽然市场经济体制下我国的生产力得到很大发展，人民生活水平得到了明显提高，但由于我国是第一次尝试把社会主义制度和市场经济结合起来，摸着石头过河，所以更应该引起重视。中国传统文化虽然是在小农经济的基础之上形成的，看似和市场经济没有任何关系，但其中蕴含的某些优秀成分正好可以弥补我国市场经济发展过程中存在的一些不足。

（二）诚实守信观念能够规范市场主体的行为

市场经济是一种契约经济，某些生产者为了获得更多的利润，想尽办法压缩生产成本，不惜损害消费者的利益，生产一些假冒伪劣产品。除了市场经济体制本身所带有的自发性、盲目性、滞后性等缺点之外，还有一个很重要的原因就是在市场经济环境下，人们为了追求自身的经济利益而违背诚信的原则，从而扰乱社会主义市场的正常秩序。为了减少这种情况的发生，首先，要健全相关的法律法规，杜绝生产和销售过程中出现的弄虚作假行为；其次，我们应该弘扬优秀传统文化中的诚实守信观念，只有让这种观念深入生产者内心，才能真正减少乃至杜绝市场中的假冒伪劣行为。所谓诚，即真实、诚实、实在、忠诚。《中庸》中提出："诚者，天之道也。诚之者，人之道也。"孔子、孟子所认为的诚即诚实、真诚。朱熹指出："诚，实也。"真实指的是主观要符合客观；诚实指的是做人要讲真话，一是一，二是二；实在是指要一切从实际出发，实事求是；忠诚是指要忠于客观真理，忠于自己的信仰。《礼记·大学》中说："物格而后知至，知至而后意诚，意诚而后心正，心正而后身修，身修而后家齐，家齐而后国治，国治而后天下平。""信"字本来是指祭祀的时候要诚实不妄言，后来发展为重要的道德

· 71 ·

规范，是"仁、义、礼、智、信"五德之一。总之，诚信就是要真实不妄、诚实不欺、言行一致、恪守诺言。人的行为是由人的意识支配的，我们要大力弘扬和倡导中国传统文化的诚实守信观念，在诚实守信观念支配下的市场主体的行为就能够在市场正常的秩序范围内进行，从而为生产、交换、分配、消费的良性循环创建良好的人文环境。

（三）先义后利观有助于抑制拜金主义和享乐主义的蔓延

社会主义市场经济制度确立后，我国经济得到飞速发展，人民生活水平显著上升，人们的求利欲望也在上涨，拜金主义和享乐主义渐渐产生。拜金主义盛行会导致人们只看得到金钱，看不到精神；只看得到利益，看不到情义；只看得到享受，看不到付出。与之相对应的是一些年轻人不思进取、贪图享受、讲究排场，工作上、学习上贪求轻松，生活上追求享受，铺张浪费现象随处可见。要清除市场经济的这些负面影响，除了大力宣传共产主义理想信念外，努力挖掘优秀传统文化中合理的价值观资源，古为今用，不失为一个好办法。孔子主张"见利思义""义，然后取""富与贵，是人之所欲也，不以其道得之，不处也；贫与贱，是人之所恶也，不以其道得之，不去也"。他强调人们应正当谋利，君子爱财，取之有道，用之有度。这种先义后利、义利统一的观念有助于抑制拜金主义的蔓延。提倡勤劳节俭有助于人们摆脱享乐主义的束缚，养成奋发图强、节俭有度的生活态度。

三、优秀传统文化对社会主义文化建设的价值

（一）优秀传统文化是构建社会主义核心价值观的传统基础

社会主义核心价值观不可避免地和传统文化发生联系，它的构建必须植根于中国传统文化。中国传统价值观，如"仁、义、礼、智、信"，蕴含着丰富的文化精神，以人为本、和为贵、崇德重义等皆为中国几千年来文化立国的基础。孙中山先生曾在其《三民主义》中把传统道德按重要程度排序，即忠孝、仁爱、信义、和平。他强调的这些道德也是中国传统文化的核心价值观，与我们当今构建的社会主义核心价值观有相通之处，如果我们能进一步阐发传统资源，就有利于恢复民族文化自信，凝聚人心，从而促进社会主义核心价值观的构建。首先是忠孝。忠的现代价值就是我们要忠于自己的祖国、忠于人民。《孝经》曾将忠孝阐述得淋漓尽致。孙中山指出，只要把忠孝二字讲到极点，国家就可以强盛。其次

第四章　优秀传统文化的社会价值实现

是仁爱。仁爱思想是儒家思想的核心。"仁者爱人""老吾老，以及人之老；幼吾幼，以及人之幼"，这些都是中国人民耳熟能详的观念。再次是信义。诚信是中国人为人的基本准则。中国传统价值观中提倡道义大于功利，甚至提倡"舍生取义"。当然，其也有不合理之处，如果能够与时代结合起来，倡导利义统一，无疑对我们的社会发展是有益无害的。最后是和平。中华民族向来有爱好和平的美德，传统文化中的"和"文化不仅包含人与人之间的和谐，还包含人与自然、人与社会之间的和谐共处，这对于我们国家、社会、个人的发展都是有帮助的。

（二）优秀传统文化是提高国民素质的优秀资源

社会主义现代化建设的最终目标是实现人的现代化，也就是说要立足于国民的整体素质，包括德智体美劳全面发展以及心理素质的提高。文化的本义是以文教化，所以国民素质的提高与文化息息相关，而优秀传统文化是我们取之不尽的资源。中国优秀的传统思想，如儒家的"外圣内王"、道家的"无为而治"、墨家的"兼爱"、法家的"人性恶"等，除去里面的消极部分，其本质是为了让个体成为社会层面的人。现在我们提倡加强优秀传统文化课程的学习，其实就是想借此提高国民的道德和文化素质。很多行业其实是自古就有的，传统文化中有关各行各业的书籍，能够为提高国民的业务素质提供参考。孔子指出的"有教无类""因材施教"对我国现在教师行业的发展还是有一定的借鉴作用的。司马迁所著的《史记》一书被称为"史家之绝唱，无韵之《离骚》"，中国医学著作《本草纲目》《黄帝内经》《伤寒杂病论》依旧是从事中医者必读的书目。现代人生活节奏快、工作压力大，经常会觉得疲倦，甚至有些人在身体上和心理上处于亚健康状态。而古人推崇日出而作、日落而息，坚持适度原则，很多名言警句中也蕴含着一些保持心理舒适的方法。国民素质的提高还有赖于教化，中国古代向来重视教育的作用。中国传统教育的主要贡献是对人的价值观的塑造。"大学之道，在明明德，在亲民，在止于至善"（《礼记·大学》），这句话指出教育之道在于从德行出发直至真善美的人生境界。优秀传统文化"视教育为民族生存的命脉"，这为我们挖掘优秀传统文化、提高国民素质营造了一个好的氛围。

（三）优秀传统文化是发展文化产业的传统背景

文化是潜在的社会资源，在国内较早提出"文化力"的是著名理论家贾春峰，他指出传统文化是文化力的组成部分。"发展文化产业"这一提法是在中国

· 73 ·

经济结构性调整、文化建设进入新时期的背景下产生的。党的十六大第一次将"文化产业"写入报告；党的十七大多次强调"文化产业"，说明这时我们国家已经开始着力发展文化事业；党的十八大强调文化产业要变成国民经济的支柱性产业；党的十九大提出了新时代文化建设的基本方略。从这几次重要的党的会议我们可以看出文化产业备受关注。中国传统文化中有很多珍贵的遗产，这是祖先留给我们的宝贵财富，为当下发展文化产业奠定了一定的基础。

首先，种类丰富的物质文化遗产是发展文化产业的实体基础。各种历史文物、建筑、著作、手稿等，既呈现地域特色，又具有价值整合的功能。

其次，丰富多样的非物质文化遗产是发展文化产业的精神支撑。中国有56个民族，每个民族都有自己独特的语言、音乐、舞蹈和一些特色习俗以及一些手口相传的传统手工业，这些都是珍贵的精神遗产，并且带有中国特色的标签。在以保护为主的前提下，依照法律和实际的需求，合理开发这些丰富的文化遗产，可以发挥优秀传统文化的巨大作用，推动文化传承体制和经济的发展，从而促进传统文化与现代产业相结合，推动文化事业的发展。

最后，优秀传统文化的价值理念构成文化产业创新的灵感源泉。建设社会主义文化强国关键在于增强全民族文化创新的活力。将优秀传统文化中的一些价值理念，如真善美、忠孝仁义等运用到文化产业当中，可以推动文化产业创新，既传承了传统文化，增强了人们对传统文化的认同感，又使传统与现代相互磨合，促进传统文化去伪存真。

四、优秀传统文化对社会主义民生建设的价值

（一）优秀传统文化为改善民生提供思路

改善民生，作为社会主义现代化建设中的重要议题，体现着社会主义的本质要求。随着我国经济的发展，人民的物质生活需求已经得到较大程度的满足，在全面建成小康社会后，诸如教育、就业等发展层面的民生问题凸显出来。我国传统文化中蕴含丰富的民生思想，可以为新时期民生福祉达到新水平提供借鉴，即"以史为镜，可以知兴替"。《辞海》中对民生的解释是人民的生计，所以，民生指人民的生活问题。民生一词最早出现在《左传·宣公十二年》中，文章里说"民生在勤，勤则不匮"。中国传统民生思想的内涵极其丰富，首先是重民贵民的民本思想。"民为国本，食为民天"，中国传统民生思想强调以民为本，把人民看作国家的根本，而人民生活问题是其他问题的根基。其次是爱民亲民的养民

第四章　优秀传统文化的社会价值实现

思想。传统民生思想强调君王要"与民同乐""先存百姓"，关心百姓疾苦。再次是富民裕民的安民思想。传统民生思想强调发展农业，制定了一系列惠农政策，轻敛薄赋，减轻农民负担，鼓励农业的发展，满足人民生活需求。除此之外，还强调建立学校满足人民受教育的需求。追求平均，帮助贫弱，伸张正义，缩小贫富差距，维持社会稳定也是传统民生思想的一个特点。孔子指出"不患寡而患不均，不患贫而患不安"。王安石提出"抑豪强，伸贫弱，使贫富均受其利"。在社会保障方面，《礼记·礼运》中把"老有所终，壮有所用，幼有所长，矜寡孤独废疾者，皆有所养"当作一种理想的民生状态。农耕背景下土地的重要性越发凸显，很多改革者都通过各项政策重新分配土地，如孟子提出用井田制分配土地，洪秀全提出的"凡天下田，天下人同耕""无处不平均，无人不饱暖"的大同社会观把平均主义发挥到极致。改革开放以来，我国的民生问题得到了明显改善。生产力发展迅猛，人民的物质生活得到了改善；教育、科学、文化事业得到了发展，教育经费投入越来越多；财政对医疗卫生事业的支持力度加大，人均寿命有所提高。但是与此同时，我们又面临一些新的民生问题。人民物质生活好了，但是食品安全问题频出；总体生活状况得到改善，但是收入差距过大，房价居高不下；教育经费投入加大，但产业化下的教育质量令人担忧；医疗条件变好了，但看病难问题依旧存在。中国古代民生思想的根本出发点是维护封建统治，但这些思想具有朴素的人文关怀，体现了君王的民生意识。它的某些合理内核可以为我国当前政府提出的"民生福祉达到新水平"提供借鉴。首先，完善收入分配制度，强调公平。针对目前我们国家收入差距过大的现象，可以吸收传统民生思想中大同思想的合理成分——强调社会公平。增加低收入者的收入，提高最低工资标准，并且确保工资及时发到员工手上；提高扶贫标准比例，对贫困人口和下岗职工加强培训，多给予社会资源。其次，完善经济领域的法律法规。传统民生思想更多体现在各政治家、思想家为国家制定的一些政策上，很多富民、惠民思想是具体而全面的。对于我国目前存在的诸如食品安全类的问题，应该用严格的法律制度、监管体系、惩治政策来解决。再次，大力发展教育事业，促进教育公平，避免教育过度产业化。传统民生思想重视教育的作用，孔子主张"有教无类"，孟子提倡广设学校。我们国家现在虽然也很重视教育，但是我们不得不承认，教育产业化之后，教育的质量在下降，并且在市场经济环境下人们对教育的重视程度也不够。所以，应该大力促进教育公平，合理配置教育资源，将重点放在经济落后地区。最后，完善社会保障体系。传统民生思想中的社会保障思想是丰富的，既有"老吾老，以及人之老"，又有对"矜寡孤独废疾者"的照顾，

· 75 ·

优秀传统文化的当代传承与价值探索

还有专门应对自然灾害的措施。今天我们的社会保障体制在完善，农村养老保险制度、低保制度等都需要完善，尤其是对于现代人来说，制定关乎全国人民的更完善的健康政策应该提上议程。在住房方面，政府应给予低收入者一些政策性补贴，鼓励房地产商多建造一些小面积商品房，遏制投机者以投资或其他名义过多购置房产，加大经济适用房和廉租房的建设力度，着实稳定房价。

（二）优秀传统文化为创新社会治理营造良好氛围

中国古代的社会治理思想主要包括远古的宗教神学控制论、儒家的道德约束观和礼乐治国体系、道家的无为而治主张、法家的社会控制理论。虽然在后来的两千多年里，有人提出过一些具体的社会治理新举措，但是大方向并没有发生改变，儒、法结合成为占据主导地位的社会治理方式。虽然中国古代的社会治理是为了维护封建统治，带有一些人治色彩，但不得不承认其中也包含着合理部分，可以为现在的社会建设提供参考。古代社会以儒家为首的国人追求无讼的社会环境，其中一个很重要的原因就是宗族等势力介入普通民众的生活，担任社会治理职能，使得国家力量只能介入比较严重的刑事案件，很多民间纠纷就由宗族等民间力量调节，诉讼会弱化这种民间力量，有悖于以礼治国理念。值得提出来的是，社会达到无讼状态更多的是作为一种治国追求，诉讼少在一定程度上意味着人与人之间矛盾少、社会和谐。所以从汉代开始，我国对官员的考核中就有一项指标是管辖范围内诉讼的多少。在严格控制诉讼的基础上，国家能处于稳定状态，与无讼思想下确立的以礼治国和家长宗族制有关。关于家长宗族制，我们以前了解更多的是它束缚人性和自由的一面，但通过研究发现，它在古代社会建设中起到了很大的促进作用，其作用突出表现在两方面：调节民间纠纷——在古代，民间纠纷大多不通过司法程序而直接在本族内解决；族内福利救济——族内人员承担着经济互助的责任，很多宗族设有族田作为赈施的经济支撑。

在传承发展优秀传统文化中创新社会治理，要注意从中华民族优秀传统文化中汲取营养，完善当代社会治理。

1. 提高国民道德水平和法律素养

继承和弘扬中华优秀传统道德有利于我国人民道德水平的提高，从而使人们在发生矛盾时互相理解、严于律己、宽以待人，实现人与人之间的和谐共处。加强道德知识的学习有利于从源头上预防社会矛盾，但是光有道德是不够的。不同

· 76 ·

第四章 优秀传统文化的社会价值实现

人对是非的判断是有差别的，所以还需要法律规范明确什么该做、什么不该做。现实生活中如果一个人道德高尚，懂法律知识，他在与人相处时就会在德与法的范围内行事，不会轻易与人产生冲突，就算产生纠纷，解决起来也容易很多。

2.要提高基层化解矛盾的能力

大多矛盾产生在基层，古代社会基层治理中宗族起的作用比较大，现在宗族势力已经被基层群众自治组织取代。相比起宗族来，基层群众自治组织具有民主性和科学性，有利于保障纠纷主体的权利，所以村民委员会和村干部应该担负起这份责任。近年来，我们国家实施了很多有利于农村社会发展的政策，如借助大学生群体提高农村自治能力，以此防止非讼、贱讼思想的蔓延，提高基层群众自治组织的管理水平。协商解决的基础是自愿原则，古代无讼发展到后面的非讼、贱讼，把诉讼当作不道德的事情，这也导致古代法治的不健全。在现代社会主义法治国家中，诉讼作为人民捍卫自己权利的最后一道保障是非常重要的，所以我们要提高解决纠纷的机构的工作人员的业务素质，为社会治理工作提供强有力的智力保障。

第二节 优秀传统文化的社会价值实现路径

一、建立长效机制

所谓长效机制，即能长期保证制度正常运行并发挥预期功能的制度体系。为了给优秀传统文化继承和发展提供制度上的保障，必须有相关的法律法规的制约，各级政府应该重视这个问题。政府是建立这一长效机制不可或缺的领导者、策划者、组织者和协调者。该长效机制突出各级政府在优秀传统文化传承主体中的主导作用。传承优秀传统文化的长效机制能够保证优秀传统文化在当下西方强势文化的冲击中冲破本体农耕性的束缚，能够保证优秀传统文化在急功近利的经济效益诉求下摆脱商业附庸性，从而保持优秀传统文化的纯度。

（一）制定具体措施

保护优秀传统文化资源是当代传承优秀传统文化的前提。要使保护工作落到实处且有显著成效，还必须采取合理有效的保护方法和措施。第一，要实行知识

· 77 ·

产权保护。传统文化遗产是人们在长期的生产生活过程中在前人经验的基础上进行自己的创造从而形成的。因此，很多项目涉及知识产权的问题。保护知识产权也包括保护传承人。设立保护人、保护项目是保护知识产权的重要措施。保护优秀传统文化，明确传承人也好，确定项目也好，这本身是对这些传承人所创造的技艺和文化传统的认可。要将这种保护与保护知识产权的法律法规结合起来，使保护逐步走向科学化、规范化、法制化的道路，使创造成果能够得到法律的保护。第二，要实行传承性保护。传承性保护主要是针对非物质文化遗产项目传承人的保护。传承人掌握着传统文化的内容和精髓，在代代相传中，一些记忆和手法逐渐丢失。还有一些非物质文化遗产的传承对传承人要求较多，出现只传男不传女等类似规定，严重影响了文化的传承，甚至破坏了文化的完整性。在非物质文化遗产的保护中，对项目传承人的保护应该是保护工作的重点。要保护遗产类文化资源的原真性、多样性和完整性，必须对传承人实施有效保护。第三，要实行系统性立法保护。法律法规是保护传统文化的有力保障，所以要加大立法力度，针对还未受到保护的不同类型的传统文化资源，制定和完善分级分类保护制度和法规。

（二）因地制宜开发资源

文化是地理环境、社会形态和生产方式等相互作用的产物，它的生成和发展无不具备地方特有的传统色彩。我国文化积累深厚，地方特色文化具有久远、独特、鲜明的特征。各个民族、各个地区的文化组成了具有中国特色的传统文化。所以，传承优秀的传统文化要鼓励不同地方和民族采取灵活的方式开发和利用本土传统文化资源。

各地区可以依托现代艺术设计开发地方本土文化资源。依托现代艺术设计开发地方本土文化资源，不仅能够使群众直观地了解本土文化，还能在设计的同时对本土文化进行创新、创造。实现文化的有效传播是一项长期而艰巨的任务，也是一项规模宏大的系统工程。首先需要了解本土文化并发现其特色，再对文化资源的开发进行大力宣传，营造舆论氛围并形成开发的共同信念和文化联系，以吸引全国各行各业都参与进来。

（三）协调社会各方力量

优秀传统文化的传承是一项社会系统工程，涉及面广，必须由政府统筹协调各方力量，形成共谋文化发展、共建生态文化的强大合力。各级出版、广播、电

第四章　优秀传统文化的社会价值实现

视等部门，都是促进传统文化繁荣发展的中坚力量，要充分发挥职能优势，各展所长，各尽所能，当好传统文化传承的主力军。其他有关部门和社会各方都要主动参与，密切配合，努力形成上下联动、齐抓共管的工作格局。要发挥普通民众的主体作用，注重调动广大民众参与优秀传统文化传承的积极性、主动性，激发全社会的文化创造活力。

二、兼顾学术研究与大众普及

优秀传统文化的传承必须做到学术研究与大众普及的兼顾。一方面，调动各地、各级学术界参与优秀传统文化传承的积极性，使之深入研究，为传统文化的继承提供学术保障。另一方面，调动民众的积极性，让传统文化的继承和发展成为自觉的民间行为。

（一）加大学术研究的力度

优秀传统文化的传承首先离不开深入的学术研究。只有通过学术界的深入研究，才能剔除糟粕，吸取精华，正确认识和把握优秀传统文化，才能更好地弘扬优秀传统文化。首先，要加强学术团队建设。优秀传统文化内容之丰富、涉及面之宽、形式之多样、覆盖面之大，单单靠一个人或者靠一个部门是不可能实现传承的，这是一个无比艰巨的任务，必须成立研究传统文化的学术团队，让学术团队充分发挥传统文化传承主力军的作用。研究的经费是学术团队建设的经济基础，要更好地研究中国传统文化，必须有配套的、充足的研究经费，并且一定要做到专款专用。其次，要提升研究人员的科研积极性，政府应对此做出支持和鼓励，加大在中国传统文化研究方面的资金投入。中青年是科研的骨干，是产出高质量、高层次的学术成果的重要力量，所以，可以设立学术著作出版基金、地方传统文化保护基金等专项经费，以资鼓励。最后，设立传统文化考察专项资金，加大考察力度，从而提升中国传统文化的学术水平。

（二）加快大众普及的进程

虽然中国人民一直生活在这片具有深厚传统文化的大地上，一直被博大精深的传统文化包围着，但是传统文化在大众中的普及度还远远不够。这是不利于传统文化继承和发展的。传统文化的传承离不开传统文化在大众中的普及。

第一，要形成优秀传统文化的教育机制。青少年是一个国家和民族的希望与未来，优秀传统文化教育要从娃娃抓起。孩子们应从小就受到传统文化的熏陶，

· 79 ·

主要体现在学校教育方面，现在很多小学都开设了道德与法治教育的课程，其内容包括古代优秀的思想道德规范和中华民族传统美德。优秀传统文化教育的对象主要是我国的青少年。在对青少年进行教育时，教育的方式要灵活多样，除了教授课本上的东西以外，还应该展开一些实践活动，如诗歌朗诵、传统文化知识竞赛与演讲、参观名胜古迹等。通过这些活动，学生能亲身感受到优秀传统文化的魅力，有利于传播我国优秀传统文化和教育下一代。

第二，要大力发展民间文化组织，扩大中国传统文化在公众日常生活中的影响。民间文化组织是公众多方参与优秀传统文化传承的载体之一。公众可通过参与民间文化组织的活动了解优秀传统文化。

第三，发挥大众传媒强大的舆论优势，吸引公众关心、参与优秀传统文化的传承。大众传媒是公众参与优秀传统文化传承的最重要、最高效的载体。当今时代，人们获取知识的途径不再拘泥于课本，现代传媒的发展使互联网获取知识更加快捷方便。互联网的发展提高了文化知识的传播速度，扩大了文化知识传播范围。所以，传承与发展优秀的传统文化，要合理利用大众传媒这一媒介。可以通过新闻媒体和社会舆论加强宣传，建设服务平台，注重网络文化产业的发展，扩大文化影响力，完善文化建设，高度重视网络文化产品服务和供给能力。同时要切实加强网络舆情监测、分析和判断，及时发布权威信息，主动引导网上舆论在关键时刻有话说，在重大问题上有所作为，牢牢掌握话语权和主动权。

三、强调传承内容的符号化

在一种认知体系中，符号指代一定意义的意象，可以是图形图像、文字组合，也可以是声音信号、建筑造形，甚至可以是一种思想文化、一个时事人物。总之，它是从自然基础上构筑的第二性的、派生的、模式化的内容。符号可以通过现代化手段传播及派生。所谓文化符号化是文化的物化，即把较为抽象的文化内容用具体的物象来表示。在创造文化符号的过程中，人们可以尽情发挥想象力，在无尽的空间中进行创造创新。通过文化物化构成的文化体系能让文化传播形成一种气势。

中华文化博大精深，因此优秀传统文化的继承和发展有一定的难度。为了让优秀传统文化更好地深入人心，让优秀传统文化的内容有相应的物质载体，如城市的公共场所、小区、街道名称，甚至道路、桥梁的建设都要渗透优秀传统文化内涵，使之成为优秀传统文化的符号显得尤为重要。也只有通过优秀传统文化的符号化才能加速其发展，扩大其普及范围，进而提高文化竞争力。由于城市和乡

第四章　优秀传统文化的社会价值实现

村有着迥异的文化传承方式、特征和主体，因此下文就城市和乡村的传统文化符号化分别加以研究。

（一）城市传统文化的符号化

优秀传统文化为当代社会发展和城市建设提供了强大的智力支撑和精神来源，提升了城市实力，促进了我国城市的可持续发展，推动了我国民族的融合发展，增强了我国民族的凝聚力。优秀传统文化一直发挥着它的积极作用。优秀传统文化的传承创新作为城市发展的必然要求，已经被提高到新的战略高度。

可持续发展是城市建设的核心任务，是实现国家可持续发展战略的必然要求。中国传统文化历史久远，内容丰富，是我们的祖先留给后代的宝贵财富。强大的文化资源对今天社会的发展具有非凡的意义。传统文化是一种无形资产，广泛而深远地影响着城市的可持续发展。继承传统文化是实现城市可持续发展的重要保证。传承和创新传统文化有利于构建和谐的社会关系，促进城市生态可持续发展。

良好的城市形象是提升城市认知、传播城市智慧的重要途径。一个城市发展的"符号化"是通过城市文化来表达的。城市文化包含城市的个性特色、风气氛围，传达着城市的文化内涵，凝聚着城市独特的社会文化环境。传统文化对城市形象的建设起着决定性作用，城市形象也反作用于传统文化。树立城市形象有利于提升城市的凝聚力和向心力，有利于提升城市的综合实力，有利于提升城市的发展质量，并大大推动传统文化的传承与创新。

就目前城市的市政建设来看，大多城市具有现代或西方气息，传统文化内涵的凸显还不够。单单从街道名称来看，我国大部分城市的街道命名，几乎都是和平路、文明路、建设路、劳动路等缺少传统文化内涵的名字。当然，这样的命名无可厚非。但是，如果从传统文化的继承角度或者从一个城市的文化品位、文化底蕴来说，这样的命名还是需要商榷的，毕竟一个城市有一个城市的内涵、历史和文化积淀。街道名称可以说是一面历史的镜子，每一个街道的名字，背后总有一个城市的故事，所以对城市街道的命名，应该从传承历史、打造城市品牌的角度尽可能地保留历史悠久、具有内涵的街道名称。在拥有五千多年文明史的中华大地上，每个城市都有自己独特的传统文化。城市建设不仅仅是建设高楼大厦，还要重视城市传承的文化积淀，要将城市文化经营好，用城市已有的传统文化资源来促进经济的发展。具体措施如下。

优秀传统文化的当代传承与价值探索

其一，精心打造传统文化的品牌性标志。符号在我们日常生活中随处可见，大到建筑设施，小到广告商标，每一个符号都代表着它自身的特殊意义。一个城市的标志性符号，只能产生于这个城市的历史积淀，具有极高的美誉度、概括性，并寄寓着生活在这个城市的人的历史观、发展观和价值观。作为标志性的传统文化载体，其是一个城市文化与思想的灵魂和核心。这些标志既可以象征一个城市的文化之根，也可以成为人们文化情感的寄托。因此，要打造出一个城市文化的品牌性标志。

一个城市经济要发展，文化要对外交流，就必须具备自己的文化特征，城市的文化特征是通过城市的文化品牌性标志反映出来的。城市的文化特征各有不同，每个城市都有自己独特的文化特征，所以每个城市都需要一个独特的、具有代表性的品牌性标志。中华大地上的城市蕴藏着博大精深的传统文化，然而保持永久的文化魅力，就要以传统文化为核心，重新总结并创造出独特的品牌性标志。

就像可口可乐一样，它是代表美国文化的一个清晰符号。中国城市品牌性的文化标志需要城市民众的接受和认同，文化在时时刻刻正面地影响民众的生活。所以我们也可以根据本土民族文化打造城市文化标志，可以通过城市自身特色来设定。比如，根据市花、市内特色动物、市内名胜古迹设立城市自然性标志，根据方言、饮食文化、特色手工艺设立城市特产性标志，等等。

文化能够改变人，文化能够影响人的思维和言行举止，如果一个城市有一种家喻户晓、民众认同的文化，社会将会更加和谐。传统文化的传承需要符号化。例如：儒家提倡的"中和"，强调的"礼之用，和为贵"；道家追求人与自然的和谐统一；墨家倡导"兼相爱，交相利"，主张实现个体与社会的有序统一，道德与功利的和谐一致；等等。这些抽象的传统文化都可以化为符号变成公众容易接受的载体。

其二，全面构建传统文化的符号体系。规划和设计城市是一种艺术表现手法，要想表现好这件艺术品，不仅需要丰富的表现形式，还需要具体的文化内涵。想要了解一种艺术的内涵，就先要从它的历史入手，探究其内涵及底蕴，才能在此基础上加以创新，使想要表达的理念传达到欣赏者心中。每个人对同一座城市的感情不同，认知也不同，我们在城市中看到的每一个符号，在不同人身上都能得到不同的诠释。设计能使民众达成共识的城市符号，并不是一件简单的事情。不同的城市文化符号组成了城市不同的文化记忆，正是这些复杂的文化记忆才形成了一个族群、民族，甚至国家的归属感和认同感。

· 82 ·

第四章　优秀传统文化的社会价值实现

其实城市形象是一个复杂的系统。首先，它关照的是由视觉传达而来的城市景观可读性的一连串符号体系。其次，它还与观察者与身处环境的双向作用紧密相关。一个城市的形象对于个体而言，它不仅仅是实践功能上的物质硬件，更是情感纽带上的文化传达。城市形象的感知最终要落实到对各种文化符号的感知上，所以文化符号的打造就是城市精神和城市文化的提炼过程。

打造一个城市的形象，使民众获得认同感，要以传统地域文化特色为主要理念，使得传统文化以合理的方式融入城市形象的全面塑造之中，把传统文化内容通过现代艺术手法表现出来，以丰富多样的形态通过视觉来传达，这不仅有利于提高传统文化对现代社会的影响力和吸引力，还能使其内涵不断丰富、社会价值不断得到提升，使城市形象独具特色，以得到更好的识别，有利于城市文化的传播，有利于城市整体的发展，还能够有效地加强市民及外界对当地传统文化的社会感知。

城市的符号化是以城市基础设施的完善为前提的，要将传统文化内涵融入城市公共文化服务设施和体系的建设中，建立健全文化服务体系，推动传统文化价值的提升和社会价值的呈现。对于一个城市的文化建设来说，只有两三座雕塑的文化势必显得单薄，它们只能起到生成文化核心灵魂的作用，要想让文化形成一种气势，必须在数量或者规模上进行扩大。符号的命名看似起不到作用，其实大有学问。从建筑物的外观设计到对建筑物的命名，从道路的建设到对道路的命名，从社区建设到人们休闲娱乐场所的建设，我们都必须加以重视，这些都是不同的传统文化符号意象。名称包含着城市悠久的历史，包含着城市道德的根基，是人类历史和现代结合的产物，表达着群众统一和谐的思想。

在城市开发建设、旧城改造和管理中，现代城市借助传统文化的符号体系焕发出勃勃生机，以此来提升现代城市的文化品位。在城市开发建设中全面构建传统文化的符号体系的具体措施如下。

第一，建立经营城市文化的研究机构，听取民间各界的意见，适当地开展一些社会性的城市文化讨论，激发市民热爱城市、建设城市的热情，创造一个城市发展的软环境。

第二，对原有的地名、街名进行整理。城市建设的展开，必然改变原有的环境，在我们的环境变得越来越好的过程中，要保留的是文化的遗产，因此要汇集整理正在或将要改变的城区的各类文化历史内容。

第三，从传承、弘扬城市的历史文化出发，对整理出的故事和历史，要超前、有意识、有选择地渗入城市的规划建设中，在市政规划中融入历史文化内

· 83 ·

优秀传统文化的当代传承与价值探索

容。在街道命名中对原有文化的内容进行评估，提出若干备选方案，广泛征集意见，从未来城市发展的角度确立街名、地名。

第四，在街道命名中，有意识地进行一些文化保护。街道名称也是城市的代表符号之一。老地名、老街道非常具有历史意义，代表着一个城市的时代特征，蕴含着地域文化内涵，然而，现代的城市开发建设使老街道失去了原本有特色的名字，因为旧城改造的飞速进程，一些老地名遭到遗弃、破坏而消失，这是非常令人惋惜的。保护老地名、老街道工作，是实施城市文化遗产保护的重要举措，是加强地名文化资源开发的必要手段，是打造城市文化氛围的特有途径。在城市开发建设、旧城改造和管理中，要有效地保护和利用老地名，使中华传统文化得以发扬光大。地名管理部门是首要的负责部门，但光靠地名管理部门重视是远远不够的，还需要与各个部门联合起来，凝心聚力、共同协作，只有这样，才能收到实效，把保护老地名、老街道的工作做好。

总之，将传统文化符号化，使一个城市的传统文化融入人们的生活，有利于传承传统文化，有利于推进现代化的进程，有利于文化与城市的现在与永久的未来相生相容。

（二）乡村文化的符号化

中国乡村文化是构成中国本土文化的基本内容。如果把中国本土文化形容成一棵大树，那么乡村文化就是滋养大树的土壤，使之能够根深蒂固。乡村文化具有顽强的生命力，有着浓厚的乡土特征。近年来，在村庄建设中，不少老村庄因为拆迁等诸多原因已渐趋消失，传统民居、祠堂、古石刻、古桥、古井等文化遗址也不复存在，一些具有乡村自然生态文化特色的村庄也逐渐被一个个千篇一律的村庄取代。为了让优秀传统文化在农村得到更好的继承与发展，将中国传统文化的内容符号化是比较可行的一个措施。

其一，保护乡村传统文化的原始符号形态。加强对传统文化的保护与传承是全人类共同的任务，是历史赋予我们的崇高责任，也是世界文明延续和可持续发展的必然要求。中国悠久深厚的乡村文化，是我国古代劳动人民辛勤劳作的结果，是不断实践得来的智慧产物。随着时代不断地更迭变迁，加之自然灾害的影响，许多物质文化遗产和非物质文化遗产受到了侵蚀破坏，乡村文化逐渐消失与被遗忘，甚至濒临灭绝。近年来城市化进程不断加快，具有农村传统文化符号形态的古村落、古建筑受到了人为的破坏，地方方言、民间艺术也因不受重视逐渐失传。中国乡村文化资源十分丰厚，传承乡村文化是我们每个人的责任。

· 84 ·

第四章　优秀传统文化的社会价值实现

首先，要注重营造氛围。在广大农民群众中树立与自然和谐相处的理念，并通过多形式、多渠道，大力宣传乡村传统文化保护工作的意义，吸引广大农民群众参与保护工作，营造全社会重视、关心农村传统文化保护的浓厚氛围。同时搭建平台，举办多种活动，调动农民的自主创新性，使广大农民能亲身体验活动，甚至能够发起活动。民间艺人是乡村文化的重要载体，一定要注重保护民间艺人，使乡村特色文化能够代代相传。

其次，要注重因地制宜。中国乡村地形、气候各有不同，一定要根据当地的情况保护乡村传统文化的原始符号形态。要根据当地的村落布局、民居古建等进行科学合理的建设与改造，禁止乱拆乱造，不搞求洋求新，改造不符合当地民俗风情的不协调建筑，注重保留村落的本土风貌，使改造后的乡村成为错落有致、有农家情趣的温馨家园。做决策时一定要慎重，可以听取多方面的意见，可以结合专家的指导、百姓的想法，做出最合理的决策。

保护乡村的风俗民情、建筑古迹等文化遗产有利于建设生态新农村，有利于中国特色社会主义的发展。其中，在建设村落民居的过程中，要注重体现地域文化特色和乡村文化特色。具体来说，应把握好以下几条原则：一是在建筑理念上，要坚持保护自然生态环境的原则，使村庄回归自然特色，彰显中华传统农耕文化的自然品质；二是在建筑风格上，要坚持体现民族地域和乡村文化特色的原则；三是建立农村传统文化园，集结乡村各种形态的传统文化。

再次，要增强非物质文化遗产保护。党的十八大报告提出了"建设优秀传统文化传承体系，弘扬优秀传统文化"的重大任务。对文化遗产的保护，已经获得全国人民的共识。中华大地上，散落了许多价值无法估量的民族民间非物质文化遗产，它们的生存环境就是在中国乡村。农村各种民族民间非物质文化遗产非常丰富，但是保护方面有所欠缺。我们应将非物质文化遗产保护和公共文化建设结合起来，多形式、多渠道地来展示非物质文化遗产，充分发挥各地文化馆、纪念馆、博物馆在非物质文化遗产保护方面的作用。同时，要进一步加强国际交流与合作。一方面，充分利用海外文化中心和一些驻外机构，把优秀的非物质文化遗产项目带向世界；另一方面，学习文化遗产保护机制成熟的国家，形成我国自己的保护机制。此外，还要继续做好我国申报联合国教科文组织非物质文化遗产名录和履约工作，发挥我国非物质文化遗产在国际上的重要作用。

最后，要建立有效的保护和管理体制。这需要各个部门通力合作来完成，先由下级部门进行清仓盘点工作，对当地乡村传统文化"摸清家底"。然后，上级部门进行统筹，建立档案。其间，要对各部门的相关工作人员进行培训，以确保

• 85 •

优秀传统文化的当代传承与价值探索

工作的效率和保护管理体制的有效性，提高乡村传统文化保护水平。专家和相关部门联合，对有特色、有风情的民间艺术进行分类，制定发展规划和保护方案。对于年事已高的民间艺人，要尽快协助做好传承工作，培养传承人。还可以制作录像影集，使艺术得到长久保存。对极其珍贵的文化实物，尽快进行征集、收藏、保护工作。

加强对文化遗产的保护，加强对优秀传统文化思想价值的挖掘和阐发，加快构建优秀传统文化传承体系，把这些"加强"体现在对乡村传统文化原始符号形态的保护上。弘扬农村优秀传统文化，着力发展农村特色文化，让村落留下历史记忆，使离家在外的人们记住"乡愁"，记住乡音，回家时依然记得"回家的路"。这是中国特色社会主义新农村建设的重要内容，也是提高群众文化生活品质的重要途径。

其二，建设中国传统文化的新符号形态。在世世代代的经营中，农村已形成独特的乡村传统文化。它反映着当地民众特有的生活方式、生活氛围，蕴含着丰富深刻的社会历史信息，代表着当地民众的审美理想。乡村文化在人类发展中发挥着巨大的作用，乡村优秀文化是人类文化宝库中的优秀代表，在中国乃至世界都影响甚远。这些优秀的传统文化必须得到有效保护，需要将它们变成具体、生动、直观的符号载体。

民间文化如同一座宝库，它的意义已经不能用金钱来衡量。要使民间文化得到有效的传承，必须在原本的文化上进行创新。首先，加强生产精品力作。政府在这方面要发挥决定作用，要调动各个部门积极参加、统筹着力，使乡村文化的新生代产物得以有效宣传和推广。在素材选取方面，要选择重要素材和题材，在工作过程中要进行多层次、多角度的深入挖掘。组织艺术工作者，集群众之力，打造一批有深度、有广度、能够以乡村文化为基础的契合时代主题的优秀作品。

其次，要把乡村文化引入课堂。学生是传播文化的重要载体，书本是传播文化最基础的媒介。把优秀的乡村文化引入课堂，引入学生的生活中去，有利于优秀乡村文化的传承与创新。可以将我国民间传统文化编印成乡土教材，作为学生课外读物。还可以开展有关乡村文化的校园活动，使学生对民间传统文化产生浓厚的兴趣，代代传承下去。有条件的学校也可开展相应的教学活动，使优秀的乡村文化潜移默化地影响学生的学习和生活，同时也能丰富学生的文化生活，传承民间文化。

最后，要加大资金投入。政府应加大资金投入，有充足的资金，才能使乡村

· 86 ·

第四章 优秀传统文化的社会价值实现

文化的传承和发展有效进行。建议加大"政府买单"力度，把对民间传统的文化基础建设投入和对民间文化艺人的资助纳入预算，并逐年递增。政府要加大宣传力度，拓宽投资渠道，引导和鼓励社会各种企业单位加入工作中来，以合资、独资、买断经营权等方式投资民间文化艺术。发掘、保护和传承农村传统文化可以成为实现农村文化大发展、大繁荣的有力抓手，为社会主义新农村建设注入新的活力。社会各界应积极创造条件，保护好乡村文化，守住民族根与魂，建设和发展具有新时代中国特色的优秀乡村传统文化。

总之，我们要通过农村传统文化的符号化，解读出它的历史年轮、演变规律，尤其是内在的精神意蕴，从而确保有效传承。

四、传承模式的日常化

优秀传统文化因其大众化的特点而与民众生活紧密联系、不可分割。所谓传承模式的日常化就是要凸显优秀传统文化在民众日常生活中的普遍性和广泛性。中华优秀的传统文化正在以各种渠道，通过各种媒介来进行文化传播，时时刻刻影响着人们的生活，发挥着自身的力量。我们可以充分挖掘中华传统文化中的优秀因子，通过现代媒体和科学技术来转换它们的形式，使其更好地贴近群众生活。优秀传统文化可以通过现代艺术形式表现出来，如影视剧、电影、漫画等。现代媒体技术日渐强大，能够使中华优秀传统文化的传播更加广泛，同时也可以有效地针对不同的群体，将不同社会群体的思想聚合在一起，有利于使各个类型的社会群体之间形成文化共识，使其在文化身份认同方面得到整合，从而能够更好地构建和谐社会，创造文明的文化家园。优秀传统文化只有完成传承形式的日常化，只有与广大民众的日常生活紧密联系，才能突破因经典厚重而易被"束之高阁"的命运，以鲜活的生命和永久的魅力在民众的日常生活中得以世代传承。根据现阶段中华传统文化传承的状况，加之反复的实践经验，要想实现中华传统文化传承形式的日常化，需要做到以下三个方面。

第一，将中华传统文化转换成各种艺术形式。针对普通民众的文化接受心理，拍摄中华传统文化题材的影视剧。因为影视剧深受民众喜爱，传统文化的传播首先要迎合民众，使之成为一种喜闻乐见的文化。影视剧作为现代信息传播的一种重要媒介，不仅在日常生活中给民众提供了视觉上的审美，还能起到潜移默化的作用，能够影响民众的价值观和人生观，影响民众的生活态度和生活方式。把传统文化的传播与影视剧相结合，能够加深优秀传统文化在国内乃至世界观众

• 87 •

心目中的印象，成为中国文化走出去一条重要的传播途径。中华传统文化也可以借助青少年日常生活中钟爱的网络动画形式进行传播，这将会吸引和激励更多的青少年了解中国本土文化、热爱中国本土文化。

第二，巧借民众欢度传统节日之机，将优秀传统文化的传承与传统节日紧密结合起来，利用优秀传统文化重建全民自发性节日文化。要挖掘传统文化的内涵，必须注重传统文化的内容与现代活动形式相结合，也要从民众心理出发，活跃节日气氛，改变民众心中传统节日只是放假日期的观念。当下传统节日日益淡化已经是一个不争的事实。面对日益淡化的传统节日，地方政府的首要任务是结合各地中华传统文化资源，挖掘传统节日的丰富内涵，让传统节日借助厚重的中华传统文化成为现代人日常生活的重要节点。各地可以利用传统节日这段公众难得的闲适时间在公共场所（如广场、公园等）组织中华传统文化宣讲活动，亦可组织传统的竞技活动、日常游戏，让民众在日常生活中有机会去感受传统。

第三，大力组织开展各种形式的民间文化活动，让优秀传统文化走进民众的日常生活。民间文化活动的开展，可以增强民众对优秀传统文化的感知力，同时满足民众日常精神生活的需求。

第五章　优秀传统文化的教育价值实现

第一节　优秀传统文化的教育价值阐述

国无德不兴，人无德不立。当今世界正处于百年未有之大变局。优秀传统文化融入高校德育既丰富了新时代德育理论，又能服务于中国特色社会主义发展，对于优秀传统文化和高校德育本身都具有战略意义。

一、优秀传统文化的教育价值

（一）有利于弘扬爱国主义精神

中华民族之所以能在几千年的历史长河中屹立不倒，其中最重要的原因就是优秀传统文化中蕴含着爱国主义精神。爱国主义精神是我国非常重要的文化思想，是中华民族精神的核心，也是现代高校思想政治教育中的重要内容。爱国主义精神要求我们时刻为社会、为民族、为国家、为人民的整体利益着想，要有一种对国家、民族、社会的责任感、使命感以及忧患意识。优秀传统文化中蕴含的爱国主义精神是非常丰富的，有非常多值得我们学习的典范。从古代范仲淹的"先天下之忧而忧，后天下之乐而乐"，文天祥的"人生自古谁无死，留取丹心照汗青"，顾炎武的"天下兴亡，匹夫有责"等。

随着时代的发展，要想实现国家和社会的现代化，人也要实现现代化，所以人们不仅要掌握丰富的理论专业知识，还要具备极其深厚的文化内涵。试问一个压根不了解本国文化的人，对国家没有强烈的爱国主义精神的人，怎么能相信他能促进国家和社会的现代化发展呢？由古至今，无数的现实经验告诉我们，没有

• 89 •

优秀传统文化的当代传承与价值探索

爱国主义精神的人终将会因为缺乏深厚的文化根基而很难成为一个完整的人，也因此难以获得长远的发展和进步。因此，加强大学生的爱国主义教育就显得尤为重要。

首先，作为高校思想政治教育工作者，应大力弘扬优秀传统文化，要让大学生通过了解民族文化和民族优良传统，产生热爱民族文化的激情，从而增强民族自豪感和凝聚力，激发爱国主义热情和自尊、自信、自强的精神。其次，引导大学生把个人的前途同祖国的命运紧密联系在一起，充分发挥主人翁意识，发奋学习，努力奋斗，为祖国的繁荣富强贡献自己的力量。

（二）有利于培养大学生积极进取的人生态度

《论语·子路》："不得中行而与之，必也狂狷乎！狂者进取，狷者有所不为也。"这句话的意思是："我找不到奉行中庸之道的人和他交往，只能与狂者、狷者相交往，狂者敢作敢为，狷者对有些事是不肯干的。"积极进取精神，也叫上进心，是一个人力争上游的决心与欲望。美国现代女作家海伦·凯勒曾说过："当一个人感觉到有高飞的冲动时，他将再也不会满足于在地上爬。"当代著名作家周国平在《守望的距离》中说道："我们在社会上尽可以积极进取，但是，内心深处一定要为自己保留一份超脱。有了这一份超脱，我们就能更加从容地品尝人生的各种滋味。"所以，当人有了积极的进取心，也就有了好好学习、力争把事情做好的动力。那他就无法停下奋斗的脚步，他再也不想过平庸的日子。一个人一生有多大的成就，很大程度上取决于他的进取心的强烈程度。

随着时代的进步，为适应时代发展，现代社会对人们所具有的知识素养的要求也越来越高，所以大学生更加要通过自己的努力提升自己。但是，在当前市场经济下，由于市场经济形势的复杂性，再加上受到互联网上很多网红人物成功的影响，很多大学生不愿努力学习，在遇到问题之后也很难有耐心去解决，缺乏坚强的意志，因为他们认为成功者有时根本用不到知识。然而在优秀传统文化中其实蕴含着丰富的积极求知的精神，教育我们要用积极的心态去面对学习和生活，不轻言放弃，塑造更好的自己。因此，各高校一定要高度重视这一点，在学生的思想政治教育中，应该大力加强对传统文化的弘扬，对勤奋好学的积极求知的精神进行发扬，明白"学而不厌，锲而不舍"的真正含义，要让大学生明白积极进取精神在传统文化中的意义。在当今社会，生活条件越来越优越，我们更应该鼓舞大学生树立积极求知的精神，教育他们努力踏实地学习或者工作，只有以诚恳的态度去对待

第五章　优秀传统文化的教育价值实现

事业和学业，才能成为 21 世纪的可塑之才，对社会做出巨大贡献。要让当代大学生明白现在社会的竞争非常激烈，只有通过积极进取，杜绝不劳而获的思想观念才能赶上时代的发展，铸造出更好的自己。

（三）有利于提升大学生的思想道德境界

我国古代的教育是以道德教育为核心的，这要求人们注重个人内在的修养。孔子思想中"仁"的理念强调"己所不欲，勿施于人"和"己欲立而立人，己欲达而达人"这两个方面。儒家思想中的"修、齐、治、平"意在"修身"。

孟子的思想强调人要坚持正义。大丈夫要"富贵不能淫，贫贱不能移，威武不能屈"，这句话充分表现了人格力量的强大，诠释了不畏权力和金钱的诱惑，不因贫贱而自卑，不因强势而屈服的大无畏精神。在近代思想中，林则徐的"海纳百川，有容乃大"体现了中国人民的宽广胸襟，要求我们要像大海一样包容万物。

文化的传播具有渗透性和持久性，并且可以在潜移默化中影响大学生的思想情感及行为举止，所以，我们要牢牢抓住优秀传统文化中具有的深厚的历史内容，将优秀传统文化应用于大学生思想政治教育中，提高大学生的思想道德水平。在中华传统文化资源中，文学、戏曲、书法、礼仪等可以为大学生思想道德教育提供更多的切入点，使思想政治教育的方式更具多样性。大学生可以在这种文化的浸染下，充分调动学习的积极性、主动性，激发学习思想政治的兴趣。

（四）有利于提升整体校园风尚

每所大学都有自己的校园文化，校园文化是大学的风骨，代表着大学的门面，这也是学生选择学校的一个重要因素。就以北京大学（以下简称"北大"）为例，经过历史的洗礼，北大已形成了"爱国、进步、民主、科学"的传统，以及与祖国同呼吸、共命运的"北大精神"。"北大精神"俨然成了北大校园里的一种校园文化，激励了一代又一代师生团结奋进，正是因为受到"北大精神"的影响，许多人都成为国家的栋梁。

一所好的大学，不仅要有大师、大楼，还要有大爱。因此，学校应大力培养全校师生"爱"的情怀、品格和气质，用具有"大爱"的校园文化营造富有爱心与责任的校园环境，打造美丽的精神家园，使"爱"融入大学生的日常生活中，进一步促进大学生健康成长，推动社会主义核心价值观落细、落小、落实。

优秀传统文化的当代传承与价值探索

高校校园文化的灵魂是师生共同创造和认同的价值观念。例如，当全校师生对校园文化中的大学精神与价值观念认同后，就会形成一种很神奇的感召力和较强的合力，进而可以激发全校师生为实现学校的发展目标努力奋斗、积极进取的情感。在此基础上，还会内化成一种奋发向上、开拓创新的巨大合力，使师生认识到在校园文化建设中的主人翁地位，从而产生强烈的归属感、责任感和荣誉感。

大学校园是大学生学习和生活的主要场所，也是大学生在进入社会前的最后一站。因此，大学校园的环境和氛围，对大学生具有重要的作用，在一定程度上影响大学生的成长成才。积极向上的大学校园文化，能够使大学生树立崇高的理想和坚定的信念，使师生及其他学校成员由内而外地形成一种高昂斗志，进而激发全体成员的责任感、使命感。伴随着持久的驱动力，全体成员很好地为校园事业奋斗，以此增强成员之间的竞争力，形成你追我赶的激励机制和竞争机制。由此可见，大学校园的环境和氛围，可以产生重要的激励作用，为追求远大目标提供力量源泉和精神动力。当代校园文化也教育我们在遇到困难时不要轻易放弃，不能被轻易被打倒，要敢于迎难而上。

提升整体校园风尚，可以提高大学生明辨是非、去伪存真的能力，使大学生更好地完善和发展自我。因此，我们应大力弘扬优秀传统文化，发扬优秀传统文化的魅力，通过多种渠道营造积极向上、底蕴深厚的校园文化，为大学生思想政治教育提供良好的环境，更好地提升校园的整体风尚。

（五）有利于开阔大学生的眼界

当代大学生正处于求知欲旺盛，对精神食粮的需求量大，渴望学到新鲜知识，期望尽快成长的特殊时期。但是，因为年龄的特殊性和社会氛围的影响，他们对文化的鉴别存在着局限。初入大学，对于刚度过了紧张繁重的高中生涯的大学生而言，面对大学中各种文化知识和思想理论，以及网络飞速发展所带来的文化影响，他们迫不及待地想要赶快融入进去，吸收所有知识。但是由于鉴别能力差，一些大学生会吸收许多不良思想，对自身发展造成不良影响。因此，要对大学生开展系统化的思想意识教育和传统文化教育，要让他们了解中华传统文化的精髓，要让他们知道优秀传统文化之所以源远流长、博大精深，是因为融合了我们先辈的心血，在五千多年的历史长河中不断发展创新，适应时代发展。只有深刻认识传统文化，才能拓宽视野，开阔眼界，不再止步于眼前的思想，打开思

· 92 ·

第五章　优秀传统文化的教育价值实现

路，联想古今，立足实际，求实创新，不断进取，增强鉴别低俗文化的能力，建立正确的世界观、人生观和价值观，这样才能避免其他形形色色的思潮乘虚而入，以及误入歧途。

目前，我们提倡的传统文化，都是按照辩证唯物主义和历史唯物主义的观点和方法，结合中国特色社会主义建设的实际，去其糟粕，取其精华，适应并能促进社会主义和谐社会建设的文化，是经过"扬弃"的文化，能够开阔大学生的眼界，并不是对传统文化的照抄照搬。

优秀的教育无论对大学生的发展还是社会的发展都能起到促进作用，因此，我们既要融入传统文化的教育内容，又要根据现实寻找适合大学生的教育形式，这对当代大学生的思想政治教育极具现实意义。

二、优秀传统文化实现教育价值的途径

（一）加强家庭教育中优秀传统文化的教育

父母是孩子的第一任老师，对孩子的行为具有榜样示范的作用。孩子很容易对父母的行为进行模仿，比如父母对长辈的态度，将影响孩子对长辈的态度乃至对父母的态度。一个很普遍的现象就是，若父母尊敬长辈、孝敬长辈，那么家庭氛围会比较好，孩子也会比较孝顺。在家庭思想政治教育中，父母要坚持以身作则，在日常生活中言传身教，教育孩子在与人相处中，学会互助互爱，宽厚待人，尊敬师长。

孟母三迁、曾子杀猪、五子登科的故事家喻户晓，家训、治家格言、教子诗文流传至今，这其中蕴含的教育原则和方法对我们现代家庭的教育具有极其重要的借鉴意义。因此，家庭教育可以借鉴古代的成功案例。古代许多名人的成才都与其重视家庭教育息息相关。所以父母也要从中学到优秀的教育方式。例如，在孩子犯错或存在一些不恰当的举动时，父母不可以一味地视而不见或责怪自己的孩子，从而使孩子与自己产生隔阂。日积月累，造成不可挽救、敌对的局面就追悔莫及了。实践证明，尊重孩子，用科学的教育方式教育孩子，孩子成功的概率会非常大。

· 93 ·

优秀传统文化的当代传承与价值探索

（二）加强学校教育中优秀传统文化的教育

1. 加强优秀传统文化课程设置

课堂是传授优秀传统文化的主要场所，也是学生接受思想政治教育的重要场所。中华优秀传统文化教育和思想政治教育具有长期性，不可急于求成。所以，学校要制订长期计划，并根据学校和学生情况制定教育目标，根据自己的实际条件开设有关优秀传统文化的教育课程，依据教育目标并结合学生自身特点，将其融入学科教学当中，利用课堂对学生进行优秀传统文化的教育。为了加深学生的理解，可以改变授课方式，增添一些乐趣，给学生营造轻松愉快的学习氛围，更能激发他们的兴趣。

2. 健全优秀传统文化教育机制

当前将优秀传统文化纳入培育内容的高校还不多，国家要加以重视，并督促各高校健全优秀传统文化教育机制，抓住机遇，创新优秀传统文化教育教学方式。优秀传统文化教育的教学方式过于单一，所以要想创新，就要适应潮流，多用多媒体方式教学，开展多种多样的启发性活动。学校在健全优秀传统文化教育机制时，不能照抄照搬其他学校，每个学校的学生情况不同，师资力量不同，学校的发展状况也不同。所以学校要健全优秀传统文化教育机制，就要注意结合学校的实际情况以及学生的情况来确定优秀传统文化教育的目标和内容。在完善运行机制的过程中，一定要在学校领导的带领下进行，使教师注重提升教师的职业素养和专业能力，要时刻践行教书育人的职业理想，将其切实落实到学生的思想政治教育中去，增强教育的实效性；还要善于观察每个学生的特点，根据每个学生的情况制订不同的计划；一定要确定好教师的教育目标和教育标准，同时做好教育评价工作。在教育评价中有组织、有计划地对优秀传统文化教育的效果进行判断和评估，一旦发现问题，要做到能立即解决问题，根据实际情况适时对机制进行完善和修改，形成领导有力、机构健全、管理完善的优秀传统文化教育机制。

3. 注重校园文化建设

校园环境是影响大学生日常行为的重要因素。所以，一定要重视校园文化的建设，充分了解校园文化对人的影响。校园文化对人的培养是"润物细无声"的。在硬件设施方面，高校可以通过广播台、宣传台、校园装饰等形式宣传传统文化，营造良好的文化氛围，让学生受到感染。在软件方面，高校可以开展文化

第五章 优秀传统文化的教育价值实现

节、主题班会、公众号宣传等活动，进而达到宣传传统文化的目的，提升学生思想政治教育的实效性。

（三）加强社会教育中优秀传统文化的宣传

1. 开展宣传优秀传统文化的社会实践活动

对于传统文化，不仅要对其进行理论的学习，更要在实践中对其加以运用。社会各主体可以组织开展一些丰富多彩、激发学生兴趣的实践教育活动，让人们都能积极参与到这些实践活动中来，以此激发人们对传统文化学习的兴趣。这些有趣的实践活动的开展，可以让人们切身体会到优秀传统文化所蕴含的内涵，提升自身的科学文化修养和思想道德修养。

2. 通过多媒体传播营造好的文化氛围

随着时代的发展，社会的进步，人们已经进入了网络时代。互联网媒体技术的飞速发展，促使人们改变生活方式、学习方式以及工作方式，传统文化的传播方式也要随之改变。网络化与信息化的发展为思想政治教育提供了有利的社会条件，给思想政治教育赋予了时代特色。因此，要想加强学校的优秀传统文化教育，思想政治教育工作者就要充分利用互联网技术，发挥大众传媒的导向传递作用，加强优秀传统文化传播体系建设，积极通过网络宣传弘扬优秀的传统文化。

第二节 优秀传统文化中的德育教育价值

一、优秀传统文化融入德育教育的现状

（一）高校传统文化氛围逐渐浓厚

近些年，优秀传统文化越来越受到重视，人们开始重新审视优秀传统文化在当今时代的价值与作用。在这样的大背景下，各个高校也开始重视优秀传统文化的宣传，开始在校内积极开展形式多样的优秀传统文化宣传活动。

多所高校在图书馆或教学楼内设立经典朗读庭，学生可以选取优秀文学作品进行朗读，并与其他同学进行交流和分享。同时高校不定期举办文化课程系列讲

座与诗歌大赛，鼓励全校师生积极参与其中。在一些传统节日到来之际，高校也会组织相关传统文化活动。通过以上举措，营造了校园文化氛围，使学生能够在校园文化活动中充分感受优秀传统文化的魅力。

（二）优秀传统文化融入高校课程的形式增多

优秀传统文化融入高校的主要方式就是与高校的课程相结合。

为了让优秀传统文化能够更好地融入高校德育之中，各高校积极探索优秀传统文化与高校课程之间的融合方式。目前最常见的有两种课程融合方式，一是优秀传统文化与思想政治教育课程相结合，二是开展专门的优秀传统文化课程。

1. 优秀传统文化与思想政治教育课程相结合

目前，高校所开设的思想政治教育课程中，思想道德修养与法律基础可以与优秀传统文化的道德思想内容相融合。

思想政治教育课程是每所高校的每个专业的学生都需要学习的课程，课程涵盖面广。在思想道德修养与法律基础课程的讲解中，可以适当加入优秀传统文化中关于爱国主义、个人理想信念的内容，帮助学生树立正确的人生观、世界观和价值观，增强课程内容的多样性。

2. 开展专门的优秀传统文化课程

相较于将优秀传统文化融入到思想政治教育课程中去，在高校开展专门的优秀传统文化课程，更具针对性。

多数高校可以依托中文学院、历史学院等人文社科类学院，通过包括公共课、必修课和选修课等在内的多种课程形式，专门讲解优秀传统文化知识。

尽管全国各高校进行了积极主动的探索和实践，优秀传统文化融入高校课程的形式也比之前丰富了许多，但各种课程之间还没有形成有效关联，教师和学生的积极性没有被充分地调动起来，并且缺乏一定的规划和监管体系。

（三）高校教师积极加强传统文化学习

教师作为高校教育的主体，是教育工作的承担者，高校教师的教学与研究水平对优秀传统文化融入高校德育的成果具有直接的影响。优秀传统文化博大精深，这也对教师提出了非常高的要求。因此，各地各高校应逐步加强师资队伍建设，重视教师综合素质的培养。

第五章　优秀传统文化的教育价值实现

高校教师正在积极适应时代发展，提高自身的传统文化学习能力。但由于高校教师专业不同、基础不同，在进行课堂教学时，所能传授的传统文化知识有限，还不能做到在课程教学中灵活、恰当地运用传统文化元素。这在一定程度上也影响了优秀传统文化融入高校德育教育的进程。

二、优秀传统文化蕴含的德育价值

优秀传统文化是以儒学为核心的价值观念、思维方式、伦理规范、理想人格、审美情绪等精神成果的总和，是中华民族几千年历史文化精神的沉积。优秀传统文化的现代德育价值主要表现在以下几个方面。

（一）优秀传统文化具有强大的德育功能

中国五千多年的文明史沉淀积累下的文化精髓，是我们民族伦理道德的重要文化资源，也铸就了中国人民的民族品格，是我们民族自强不息的不竭精神动力，促进了中华民族的发展壮大。因此，要加强高职院校德育建设，就要加倍重视优秀传统文化强大的德育功能，继承传统文化，发挥传统文化的德育作用。

优秀传统文化非常重视个人道德品质的提高与完善，强调对个人行为进行规范，高职院校德育工作的主要目的是帮助学生提升道德水平和自身修养，帮助学生按照社会道德准则为人处世。"天下兴亡，匹夫有责"是优秀传统文化的重要思想，这种以天下为己任的爱国主义精神始终促进着中华民族的繁荣发展。此外，"为天地立心"的责任意识，"为生民立命"的无私奉献精神，"天行健，君子以自强不息"的积极进取精神，"俭以养德、淡泊明志"的艰苦奋斗精神，以及"立木取信""一诺千金"的诚实守信精神都是高校在德育工作中要向学生重点宣扬的。可见，优秀传统文化的内在价值与高校德育的目标是一致的。

1.强化德育作用

从整体看，德育对学生思想道德品质的形成有直接影响。这种影响主要由学校营造的健康的德育环境，教育者有目的、有计划、有组织地开展德育工作，和学生相对稳定的求知态度决定。德育环境为道德品质形成提供空间与情境；教育者为道德品质的形成与发展提供指导；受教育者的道德品质得到提升。只有这样才能充分发挥德育的作用。

· 97 ·

2. 使德育贴近生活

教学本身是一门来源于生活又高于生活的艺术。陶行知说："教育只有通过生活才能产生作用并真正成为教育。"以"真、善、美"为主题的德育，要求课堂富有生活气息，展现真实的社会风采，教学情境要具有真实性。

优秀传统文化是中华民族在长期的生活和社会实践中积累的宝贵经验，与人民的生活息息相关，将优秀传统文化作为德育资源运用到教学中，会使德育教学更加贴近生活。

3. 构建德育资源

德育资源主要有以下类型：①思想性德育资源，主要指德育内容中蕴含的思想、观点、理念、见解、价值观的总和。优秀传统文化中的文化、伦理等精神层面的思想内容对于德育教学具有重要的作用，发掘优秀传统文化中的思想性德育资源，既是德育的要求，也是德育的目标。②实物性德育资源，主要包括自然资源、社会资源和教育资源。实物性德育资源可以为德育活动提供广阔的空间和场所，使学生在观察、参观、体验和动手操作中产生积极的情感体验。③活动性德育资源包括班级活动、社团活动、文艺演出、社会调查和社会实践活动等，如"最美孝心少年"活动。利用活动性德育资源可以打破传统的授课模式，使学生在特定的情境中，在探究活动和社会活动中获取知识并提高素养。

优秀传统文化作为德育资源具有强大的张力，不仅为德育资源的构建增添了素材，也丰富了德育资源的构成内涵。

（二）优秀传统文化是德育的重要精神资源

随着中国经济快速发展，我们要不断吸收传统文化精华，丰富和创新21世纪的现代德育文化。

优秀传统文化是生活智慧的结晶，是我们德育重要的精神资源。个体道德的发展依托深厚的德育文化资源。因此，要利用一切可利用的德育资源，并对其加以创造性改造，逐步形成中国社会德育资源。在为现代化建设提供合理的价值指导方面，优秀传统文化价值体系蕴含着多方面的资源，是维系我们民族道德观念和价值观念的根基。

我们提倡的热爱祖国、集体主义、尊师重教、团结友爱、尊老爱幼、严谨礼貌、诚实守信、严己宽人、先人后己、勤学不倦等道德品质，都可以从我国优秀

第五章　优秀传统文化的教育价值实现

传统文化中找到渊源。开发利用好优秀传统文化资源，对于展现我们德育特色具有积极影响。

（三）优秀传统文化是使德育立足于本土文化的关键

学校德育工作是全社会思想道德建设的基石，能否做好学生的思想道德教育，提升他们的素质修养，关乎祖国的未来，关乎国家的前途和命运。随着经济全球化进程的加快，学校德育出现了一些新的情况，面临着一些新问题，例如，是非、善恶、美丑界限不清，民族自信心和自豪感缺失，拜金主义、享乐主义滋长，极端个人主义盛行等。我们清楚地看到，要解决这一系列的问题，不能依靠空洞的说教，因为这种做法无法从根本上解决思想问题。在经济全球化的背景下，若想把中国建设成经济强国、文明之邦，让中国骄傲地屹立在世界民族之林，就必须继承和发扬我们优秀的民族传统文化，复兴中国文化，吸收传统文化精华，凸显中国德育的"民族化"特点。我们不仅要注重对传统文化的继承和创新，还要重视对传统文化现实价值的开发。

三、优秀传统文化融入德育教育的必要性

（一）时代需要

党的十九大指出，中国特色社会主义进入新时代。伴随世界局势发展变化，中国经济社会也经历着深刻变革。当前中国所面对的是不可逆转的经济全球化时代，伴随着经济全球化不断深入发展，世界各国不仅面临着各个领域的全球化机遇，同样也面临着风险。自 2008 年国际金融危机以来，世界经济复苏艰难曲折。互联网、大数据及人工智能的迅速发展，逐渐代替传统经济成为推动世界经济增长的新动力，并推动着新一轮科技革命和产业革命的发展。在世界经济疲软的大环境下，2020 年新冠疫情又给世界经济复苏带来新的困境，国际间发展失衡，治理困境等问题更加突出，"逆全球化"思潮开始涌动，保护主义倾向呈上升趋势。"霸权主义""单边主义"等极端思想逐渐抬头，世界和中国的发展都站在了十字路口。

在这个新的历史交汇点上，面对国内外严峻的发展局势，如何在经济全球化时代抵御文化入侵，如何在互联网大数据时代海量信息中增强辨别问题的能力，都是中国所面临的新时代课题。

· 99 ·

优秀传统文化的当代传承与价值探索

优秀传统文化作为中国人的价值体系和精神力量，在新时代依然具有影响力。结合国内外发展的新形势，对于优秀传统文化的深入认识与挖掘工作是重中之重。加快优秀传统文化创新性转化过程，实现其当代价值，有利于抵御网络大数据时代多元思潮带来的负面影响。充实高校这一人才培养基地的课程内容，提高高校学生人文和道德修养，有利于中国向世界展示中国新一代青年人的精神面貌，展现优秀传统文化的当代魅力。

（二）社会需要

构建文明和谐的社会环境一直是社会治理的目标之一。随着社会经济的高速发展，人们的物质水平较之以前有了很大程度的提高，生活质量也有了很大的改善，但随之而来的则是精神世界的空虚。从新闻报道上引起争议的老人摔倒扶不扶话题，到频频发生的炫富事件，对于个人利益及物质财富的追逐，逐渐将社会风气引向一个偏离的轨道上。因此，新时代，要构建文明和谐的社会环境，应该加强道德价值体系的建设与引导。

社会主义核心价值观是当代社会的"德"，它在道德层面约束着公民的行为。要积极引导人们践行社会主义核心价值观。同时，也要在全社会提倡学习优秀传统文化。千百年来中国社会的风俗习惯、生活方式、思想道德都受到优秀传统文化的影响。优秀传统文化以"德"为先。爱国情怀、诚实守信、崇尚英雄、尊老爱幼等都是中华传统美德中的精髓，一直延续至今，影响深远。可以说，优秀传统文化是"德"之底色。将其与社会主义核心价值观及当代中国精神相结合，可以推动文明和谐的社会环境建设，为人们树立良好的道德规范，丰富人们的精神世界，鼓励人们积极向善。

（三）个人需要

在经济全球化的大背景下，世界各国的文化交流越来越多。互联网等新媒体的快速发展，也加速了各种文化思想的传播。在快节奏生活模式下，更多的青年人通过网络来了解信息。也正因此，"利己主义""享乐主义"等各种消极负面思想通过互联网快速传播，对于青年人的价值观形成带来了很大的冲击。而高校长久以来，注重学业成绩，忽视了多元思潮对高校学生的影响，放松了对学生思想道德品质的培养，促使诸多思想道德问题在高校学生中的蔓延。

第五章　优秀传统文化的教育价值实现

在这样的背景下，优秀传统文化蕴含的爱国、勇于担当、敢于革新等思想，依旧是宝贵的精神财富，并潜移默化地影响着中国人的生活与行为方式。

新时代，传承与发展优秀传统文化，有助于提升个人文化修养，提高对人或事物的判断能力，可以使人自觉抵御消极负面的思想，树立正确的世界观、人生观与价值观。

四、优秀传统文化融入德育的可行性

（一）核心教育理念相同

"立德"和"树人"分别出自《左传》和《管子》，"立德"，指树立道德，"树人"强调对人的培养。这是古人所推崇的教育理念。立德以树人、树人先立德，"立德""树人"理念的背后蕴含着一个亘古不变的深刻道理，即德是人之根本，这是融入中华民族血液里的传统教育理念。

高校是人才培养的主阵地。尽管社会的高速发展赋予了学校更多的使命，但高校最根本的任务还是为国家和社会培养人才。要把青年人培养成可以为国家和社会做出贡献的人才，不仅要抓好专业知识，更要树立良好道德品质。在这一点上，优秀传统文化与高校德育在核心教育理念上达成了一致，即在教育过程中实现"立德"与"树人"两者的平衡。

（二）功能相同

优秀传统文化的功能与高校德育的功能是相同的，二者都是从思想上对人进行培养，告诉人在一定的社会环境下如何生活。

首先，育人功能相同，优秀传统文化是中华民族几千年凝聚的智慧结晶，有着丰富的道德内涵和人生哲理，引导人们树立正确的价值观。高校德育也是使学生树立正确的人生观，找到正确的政治方向，培养学生的责任感与使命感，具备良好的道德品质，成为合格的社会主义接班人的有效途径。其次，价值导向功能相同。优秀传统文化中爱国、忠义、诚实守信等道德价值内容可以引导人们做到明德守法、尊师重道。高校德育也同样如此，它是按照一定的原则与方法，引导学生树立正确的价值观，成为一名合格的社会公民。最后，凝聚民族力量功能相同，优秀传统文化是中华民族宝贵的精神血脉，千百年来，历经磨难的中

·101·

华民族凭借着坚忍不拔的民族精神战胜了一个又一个困难，优秀传统文化成为了中华民族凝神聚气的精神财富。高校德育也同样担负着丰富学生精神世界，塑造学生坚毅品格的任务，让学生在德育中获得精神力量，勇于战胜困难，永不退缩。

（三）内容相同

优秀传统文化包含的爱国主义、人生哲理和理想信念等内容在当下依然具有很强的现实意义，是高校德育内容的重要组成部分。

首先，爱国主义是高校德育的核心内容，它应根植于每个人的心中，只有这样才能推动中华民族不断发展与前进。在优秀传统文化中，涉及爱国主义内容的并不少，如屈原、岳飞、林则徐等人的英雄事迹，古代文化典籍中"天下兴亡，匹夫有责""苟利国家生死以，岂因祸福避趋之"等名句。这些都向我们传达着不同年代的爱国主义思想。这些内容激励着一代又一代的中国人努力奋进，建设祖国，也为高校德育提供了丰富的爱国主义教育内容。

其次，优秀传统文化与高校德育都注重对人生观、价值观和世界观的正确引导，优秀传统文化中有不少诗词都强调积极的人生态度与处世之道，例如，"近水楼台先得月，向阳花木易为春""居高声自远，非是藉秋风""欲穷千里目，更上一层楼"等，这些内容也与高校德育内容有契合点，也对高校学子树立积极的人生观、价值观和世界观起到重大的作用。

最后，青年人要早立志，立大志。优秀传统文化中对理想信念的重视早已不言而喻。"长风破浪会有时，直挂云帆济沧海""但愿苍生俱饱暖，不辞辛苦出山林"都体现了古人对理想信念的重视，也提倡每个人树立自己的志向，到了当代，高校德育也应积极引导学生树立正确的人生观、价值观和世界观，确立远大的志向，并且不断奋斗。

五、优秀传统文化融入德育的策略

（一）增强文化认同感，营造高校校园优秀传统文化氛围

道德产生于特定的文化环境中，在高校营造浓厚的传统文化氛围，有助于提升高校学生的综合素质。

第五章　优秀传统文化的教育价值实现

1. 新媒体成为高校营造优秀传统文化氛围的新平台

随着"互联网＋"时代的到来，互联网已成为绝大多数人接收外界信息的重要渠道之一。如何在海量信息中提高识别能力，守住道德底线，是高校学生面临的重要问题之一。

当代高校学生，主要以"00后"为主，即2000年后出生的人，这一批青年人的成长伴随着科技的高速发展，可以说他们从小就开始接触互联网，对于新媒体接受程度普遍较高。

新媒体依托互联网发展，具有信息传播能力强，覆盖面广的特点。同时，新媒体不受时间和空间的约束，能够弥补传统媒体的不足。可以利用新媒体加强优秀传统文化传播，新媒体传播方式更易被学生所接受，也能更直接地反映出学生对于宣传的看法和喜爱程度，并且可以通过设置互动选项，使高校在第一时间得到反馈，进而及时做出调整，达到预期的宣传效果。

高校现在基本都有官方网站、微博和微信公众号。高校可以在官方网站上设置专门的板块，用于介绍优秀传统文化，提升学生的爱国情怀，还可以设立互动区，让学生留言互动。应鼓励学生积极主动地学习优秀传统文化，鼓励学生阅读古代优秀典籍、制作朗诵节目，高校可将优秀作品放到微博或微信公众号上进行展示，鼓励学生积极参与到优秀传统文化学习活动中来。同时，利用新媒体传播速度快，且更易被学生所接受的优势，加强传播优秀传统文化中的道德内容，积极主动地引导学生树立正确的道德观，弘扬和践行社会主义核心价值观，帮助学生提高甄别海量信息的能力和判断事物的能力。

2. 利用传统节日，举办特色文化活动，增强文化认同感

节日是日常生活中值得纪念的重要日子。中国是拥有五千多年历史文化的文明古国，每一个传统节日都包含着一个优秀传统文化的故事，其背后也蕴含着独特的人文价值和道德内涵。

在传统节日到来时，高校可以组织师生一起参与到传统文化活动中来。例如，春节可以组织留校的学生以及留学生一起学习包水饺、写春联、布置校园。端午节则可通过阅读屈原的诗歌，来学习诗人忠贞不渝的家国情怀。中秋节可以组织师生进行诗词比赛，边赏月边朗读诗词，加深学生对优秀传统文化的了解。

此外，中国还是一个多民族的国家，不同民族也有自己独特的民族节日，高

· 103 ·

校也可以根据自身的实际情况，开展相应的民族文化活动，增强不同民族之间的认同感。例如，广西壮族群众就有过农历三月三民歌节的习俗，节日当天会举办唱山歌、祭祖等活动，广西各高校可以在农历三月三这天，组织高校师生，举行祭祖仪式，举办山歌比赛，以此促进师生情感交流，加深对民族传统文化节日的了解。

通过举办传统节日文化活动，可以增强高校师生对传统文化的认同感，提升师生传统文化素养。

（二）加快课程改革，加强不同课程之间关联性

课堂教学依然是目前开展高校德育工作最直接和最主要的方式。为了让优秀传统文化能够更好地融入到高校德育之中，各个高校一直努力寻找优秀传统文化与高校课程之间的融合方式。目前最常见的有两种课程融入方式，一是与思想政治教育课程相结合，二是开展专门的优秀传统文化课程。

1. "大思政"视域下树立高校思想政治教育理论课在课程中的引领地位

思想政治教育理论课并不是一门与生活脱节的晦涩难懂的课程，反而是与生活息息相关的重要的理论与实践课程。

在"大思政"视域下高校思想政治教育理论课，不再像传统的思政课程一样过分依赖思政教师，而是在全校良性互动下将思想政治教育的诸多要素通过制度机制进行协调、联结、融合，实现从"思政课程"向"课程思政"的教育方式的转变。在这个过程中"思政"要起到课程教学的引领作用，而"课程"则要体现立德树人的重要性。

如果说思想政治课程是显性课程，那么专业课程就是隐形课程，专业课程因为要承担专业技能培养的责任，因此无法像思想政治课程那样可以直接将优秀传统文化作为教学内容在课堂上进行重点呈现。但不同的专业可以针对自身特点，进行相应的课程内容设置。例如，汉语言文学、教育学等文科专业，可以在课堂教学内容上，适量添加优秀传统文化典籍内容，通过阅读这些典籍，使学生了解优秀传统文化知识，学习古人的爱国情怀和道德品格。对数学、建筑等理工科专业，则可以在课堂上将本学科的发展过程与中国古代的历史进行适当的结合，让学生加深对历史上杰出人物或事迹的了解，树立艰苦奋斗、不畏艰辛的坚毅品格，提高文化修养。

第五章　优秀传统文化的教育价值实现

根据专业课的自身特点，可以在课堂中融入优秀传统文化知识，将专业课与思政课程进行结合，实现课程之间的互联互通。这样既可以节约资源，又可以增强学生对传统文化的认同感。

2. 根据高校自身特点，开展专门的优秀传统文化课程与讲座

以北京外国语大学为例，学校依托中文学院、历史学院的课程优势，在校内开展中国思想史原典选读、中国文化等公共课。课程通过集中院内优秀教师，根据课时进行内容安排，着重对古代优秀著作的作者及写作背景进行介绍，并选取其中的篇章段落带领学生一起阅读，帮助学生了解古代学说思想、道德准则、理想信念，感悟优秀传统文化的魅力。同时，学校也积极协同各学院开展"古典新义——跨文化视域下的中华经典"系列讲座，邀请校内外优秀教师或学者，为全校师生提供学习优秀传统文化的平台。

理工类高校，由于受到自身学科特点的限制，在人文社科类课程设置上不如综合类高校和文化类高校那样全面，但可以通过校际合作交流来弥补这一劣势。例如，可以通过开设共同选课系统，打破各校之间的界限，为理工类高校学生提供更为全面的学习优秀传统文化的机会。如今，线上学习成为新的发展趋势，这也进一步打破了教学在时间和空间上的限制，为学生提供更好的学习优秀传统文化的平台。

高职类院校，更侧重对学生进行实操技能的培养。因此，在高职类院校中开展德育工作，应在条件允许的情况下带领学生参观名人故居、博物馆、纪念馆等文化场所，在实际的参观中普及优秀传统文化知识。还可依据具体专业，到实际工厂或企业，请专业技术人员为学生讲解工作中应遵守的道德准则。应尽可能在社会环境中对学生进行思想道德教育，这样更具有实效性。

（三）坚持教师队伍建设基础性工作，建立高素质教师队伍

1. 鼓励高校教师自觉阅读优秀传统文化典籍，提高高校教师文化素养

应该鼓励教师根据自身课程需要，自主学习优秀传统文化相关知识，增强对传统文化的了解。教师应从优秀传统文化中寻找与自身课程可以结合的地方，将其融入具体课程之中，潜移默化地为学生普及优秀传统文化知识。

在对专业课程进行定期培训和考核时，也应组织高校教师参加专门的传统文化教育培训。高校可以邀请优秀传统文化领域的专家和学者，开展讲座和辅导，尽可能地为教师学习优秀传统文化搭建多样化的学习和交流平台。

·105·

优秀传统文化的当代传承与价值探索

此外，可以通过集中培训，促使高校教师自觉学习传统文化知识。培训内容既可以包括优秀传统文化知识本身，也可以包括优秀传统文化与专业课程相融合的指导思想、基本原则和主要内容。通过培训帮助高校教师拓宽视野，打开教学思路。

2. 完善培训体系，明确高校教师职责

"立德树人"是教育的目标，要实现这一目标，关键在教师，高校教师要符合"教书育人"的要求。"教书"指的是传授知识，"育人"指的是培育人才。两者的主体都是学生。高校教师作为学生的榜样，其一言一行都会对学生产生深刻影响，"身教"大于"言传"。因此，除了要鼓励高校教师自觉阅读优秀传统文化典籍，提高整体文化素养之外，高校还应完善教师培训体系，明确教师的职责。还可通过师德师风建设，加强对教师的道德约束，促使教师为学生树立优秀榜样。

教师要做到"传道、授业、解惑"，教师的文化知识积累和道德素养，不仅会对高校学生产生深远影响，也同样决定着高校的未来发展。所以，高校更应完善教师道德培训体系，对教师进行定期培训，让高校教师明确自身职责。

第三节　优秀传统文化中的思想政治教育价值

一、优秀传统文化的思想政治教育价值意蕴

文化是民族的显著特征，传统文化作为中华民族的显著特征，不仅是我们力量的源泉，也是我们的精神支柱。新时代背景下，创新是思想政治教育的内在需求，而博大精深的优秀传统文化无疑是创新的理论源泉。优秀传统文化在思想政治教育中有着显著而又强大的功能，它不仅是思想政治教育的理论基础，也是其精神养料，更是思想政治教育的创新源泉。

（一）优秀传统文化是进行思想政治教育的理论基础

传统文化久经岁月沉淀，形成了一套完整的思想道德规范体系和价值体系，具有旺盛的生命力与感染力、较强的传承性和历史性，是思想政治教育不可或缺的理论基础。

·106·

第五章　优秀传统文化的教育价值实现

1. 优秀传统文化有助于培育大学生社会主义核心价值观

社会主义核心价值观仅以寥寥数语就从不同层面对我国的价值取向与道德目标作出了高度概括与深度凝练，字数虽不多，但却蕴含着深刻意蕴，是对具有普遍意义的社会价值的归纳概括，也是对人类文明成就的高度浓缩。社会主义核心价值观的涵养与培育，并非单单是某个人、某个机构或某个团体的任务，而是每个人的共同责任。新时代背景下，经过几千年的发展，优秀传统文化更加具有稳定性和传承性，它的传承性体现在每个中国人身上。推动优秀传统文化与思想政治教育协同发展、相互促进，对涵养大学生的社会主义核心价值观意义非凡。

作为中华民族时代文化的产物，社会主义核心价值观属于文化意识范畴，其发生和发展无疑是植根于我国优秀传统文化之中的。习近平总书记对我国传统文化的发展倍加重视，多番强调扎根于优秀传统文化是涵养、培育社会主义核心价值观的首选路径，强调"全体师生要奋力成为核心价值观的培育者与践行者，坚持信仰和践行社会主义核心价值观"。实现思想政治教育与优秀传统文化的协同发展，是新时期培育社会主义核心价值观的重要途径。积极汲取优秀传统文化的丰富养料，深入挖掘优秀传统文化的强大思想政治教育功能，是开展社会主义核心价值观教育的应有之举，也是青年学生增强文化素养、进行自我完善的内在要求。

2. 优秀传统文化有助于激励青年学生实现中国梦

只有一个有梦想的民族，才可能有光辉的未来。中华民族的梦是由每个中国人的梦汇聚而成的伟大复兴梦，没有中国共产党全心全意为百姓立命的初心，没有全国人民为之奋斗的决心，没有优秀传统文化的传承和弘扬，中国梦就不可能实现。文化是历史发展的生命线，是国家进步、民族团结的生命线。作为中华民族的根基和命脉，优秀的传统文化无疑是实现中国梦的精神支柱。

历史告诉我们，要在文化古国——中国建设新的民族文化，是离不开历史、离不开传统的。若完全抛开历史、丢弃传统，我们将会失去民族根基、道德支柱甚至失去精神命脉，这于国家发展、民族复兴而言无疑是深重的灾难。

今天，我们致力于建设社会主义现代化强国，实现民族的伟大复兴，离不开历史基础、离不开优秀传统文化。所谓复兴就是在不忘本来的基础之上，开辟新的未来。立足新时代，实现民族复兴，必须以优秀传统文化涵养中国梦，让崇正义、尚合和、讲仁爱、求大同、明礼义等优良传统成为实现民族复兴的根基和支柱。作为历史的显著基因，优秀的民族文化总是在民族的血液中涌现，随时代激流而奔涌、喷泻。

（二）优秀传统文化是进行思想政治教育的精神养料

"立德树人"不仅是中国古代源远流长的教育理念，也是新时代开展教育的内在要求。数千年来，传统文化历经时代更迭、王朝交替，但立德这一核心却始终如一。思想政治教育作为开展一切工作的生命线，也是培养大学生正确政治观、道德观及思想观的主课堂。优秀传统文化经过几千年的发展凝练，其中的爱国主义、自强不息、厚德载物、忠厚务实等精神无疑是开展思想政治教育的精神养料。

1. 崇高民族精神为开展大学生爱国主义教育提供了丰富养料

作为民族的根基与命脉，民族精神是爱国主义教育的基础，是中华民族绵延至今、自立于民族之林的精神支撑。作为爱国主义教育的理论基础，传统文化中崇高的民族精神无疑为大学生爱国主义教育的开展奠定了基础。

历史发展证明，一个国家、一个民族要想在世界舞台中占据重要位置，发挥重要作用，不仅需要雄厚的物质力量，而且离不开强大的精神支撑。培育和发扬民族精神，二者是同一事物的两个方面，是相互促进、协同发展的，不仅要在培育的基础上进行弘扬，也要在弘扬的过程中继续培育。这是一个双向发展、共同进步的过程，我们培育和弘扬的民族精神也在不断发展，与时俱进。尤其是在新时代环境下、历史发展的关键时期、中国特色社会主义的决胜阶段更是如此。培育和弘扬民族精神，对开展大学生爱国主义教育有着非凡意义，可以让青年学生树立爱国意识，产生爱国情感，培养爱国意志，最终转化为爱国行动。这并非朝夕之事，我们要使民族精神教育与爱国主义教育相辅相成、协同发展。

历经数千年的洗礼，中华民族形成了以爱国主义为基础的民族精神，这是华夏儿女具有强烈归属感的原因，更是华夏文明具备强大生命力的原因。民族精神使优秀传统文化成为民族团结的情感纽带和爱国主义教育的精神纽带，有效实现了浓厚的爱国情感、坚毅的报国志向及崇高的报国举动三者间的有机统一。伟大的民族精神激励着千千万万中华儿女为维护民族利益而不懈奋斗，为实现民族复兴而埋头苦干。进行社会主义精神文明建设，开展大学生爱国主义教育必须从民族精神中汲取丰富养料。

第五章　优秀传统文化的教育价值实现

2. 传统伦理道德为大学生投身社会主义现代化建设提供动力

传统伦理道德意蕴深厚、影响深远，经过数千年的洗礼与积淀，具有强大生命力和影响力，是进行现代化建设的内在动力。在中华民族日渐走向富强的今天，现代化建设需从优秀传统文化的深厚土壤中吸收养分，使社会建设和文化建设同向同行、紧密结合。因而，传统伦理道德的传承与弘扬是激发大学生投身社会主义现代化建设的内在动力。

道德的缘起与文明的进程是相辅相成的，有数千年文明史的中国，同样有着数千年的道德传统。在人们的心中，伦理道德始终有优先和特殊的地位。古代贤哲不仅以道德实践作为人生实践的重要内容，而且将其视为政治上的最高追求和最终目标。作为人们"修身"的标准和指南，传统伦理道德是日常交往中正确处理人际关系的行为准则，是提升人们道德修养、强化人们道德意识的精神法宝，也是实现现代化与社会和谐的重要手段。孔子指出："道之以政，齐之以刑，民免而无耻；道之以德，齐之以礼，有耻且格。"（《论语·为政》）可见单用律法规章来管理人民，是难以让民众产生廉耻之心并诚心归顺的，但用伦理道德、礼仪教化却可以做到。进入新时代的中国，物质文明建设已取得了非凡成就，正在实现现代化和民族复兴的伟大征途中前进。优良伦理道德是优秀传统文化的一个重要组成部分，是自我人生规范和社会生活秩序的自觉理性规定。传统伦理道德所蕴含的强烈自我使命感和社会责任感，将激励大学生积极参加社会主义现代化建设，引导他们为实现民族复兴而拼搏、奋斗。

在社会主义现代化建设征程中，深入挖掘、充分利用优秀传统文化中所包含的伦理和道德资源，将爱国明理、尊老爱幼、勤俭务实、谦虚谨慎、廉洁奉公、严于律己、尊师敬业、诚实守信、团结友善等优秀伦理道德融入大学生的生活、学习和工作中，让优秀伦理道德成为他们铭记于心的道德规范，成为他们生活实践的行为指南，成为激励大学生投身现代化建设的内在动力。

（三）优秀传统文化是进行思想政治教育的创新源泉

经过几千年的发展，传统文化具有深厚的内涵，具有强大的思想政治教育功能。学习和研究优秀传统文化，吸收它的精华，努力实现其强大的思想政治教育功能，不只是传统文化不可推卸的责任和使命，也是开展思想政治教育活动的素材来源与创新源泉。

·109·

优秀传统文化的当代传承与价值探索

1. 优秀传统文化为思想政治教育的创新发展提供了丰富素材

优秀传统文化能够传承至今而生生不息，离不开其博采众长的会通精神、厚德载物的人文精神、为国争光的爱国精神、自强不息的奋斗精神、天下为己任的担当精神等，这些高尚精神始终深深影响着国人的情感、思想和行为，是我们赖以生存的精神支撑，更是思想政治教育不可或缺的精神命脉。

在全球化、信息化的今天，多种文化思潮相互激荡，不断迭起，国人价值混乱、精神迷茫、情感无处寄托，思想政治教育的环境更复杂、难度更大、任务更艰巨。此种现状之下，如何固本清源，重建国人的伦理道德、价值观念、思想情感，重塑国人的文化自信和民族自信？更多的人开始反求诸己，追根溯源，选择重新用优秀传统文化洗涤自我，浸润于传统文化之中，找寻我们自身独特的、符合时代特征的精神支柱。

优秀传统文化作为思想政治教育的理论基础，无疑给思想政治教育的创新发展提供了丰富素材。"吾日三省吾身"的内省方法启示我们要时刻进行自我反省，不断推动自我发展。"有教无类"的教育方法警示我们要对所有学生一视同仁，绝不做差异化对待。世界上不存在完全相同的两片叶子，更不会有完全一样的两个人，因此，针对不同的学生要制定不同的教育方针，努力做到"因材施教"。传统文化中的"知行合一"更是指导我们如何准确判断一个人的品行，知道或说出来是一回事，但能不能做到却是另一回事，要成为一个品德高尚的人，"知"是基础、是前提，但"行"才是更重要的。因而，为人处世中，我们不仅要"听其言"，更要"观其行"。

作为文化形成发展的生命机制，教育是伴随着文化传统出现的，可以说，没有文化传统就不会有教育，故而，教育必须以文化传统为源泉，最大限度地发挥文化对教育的促进作用，思想政治教育亦是如此。具有久远历史的优秀传统文化，蕴含着无数值得我们借鉴和吸收的精华，是思想政治教育巨大的精神财富，也是其强大的素材来源。

2. 优秀传统文化为思想政治教育的创新发展指明了方向

思想政治教育之所以能够日益走向成熟和独立，和其与时俱进的创新性密切相关，优秀传统文化无疑是思想政治教育最为显著的创新源泉。优秀传统文化所蕴藏的道德教化观念，历经数千年的历史沉淀，已发展成为一种独特而又强大的思想政治教育力。这种强大教育力的存在，不仅使华夏儿女养成了高尚的道德品

第五章　优秀传统文化的教育价值实现

质，而且塑造了中华民族独特的性格特征，同时对我国思想政治教育的深入发展有着极强的现实意义。

针对思想政治教育产生的新问题、新情况，我们可以从优秀传统文化中寻求解决方法，并对优秀传统文化进行相应改造，使其更好地应对与解决思想政治教育中产生的问题，如优秀传统文化所提倡的厚德载物、知行合一、修身克己、经世致用、自强不息等品质。充分挖掘优秀传统文化强大的思想政治教育功能，对其进行创新性转化与创造性发展，是实现思想政治教育创新发展的有效路径。

进入新时代，思想政治教育亟须创新与发展。在创新发展进程中，思想政治教育要深入挖掘、充分利用传统文化中的优质教育资源，有区别地对待传统伦理道德与价值规范，坚持革故鼎新、古为今用，用优秀传统文化中丰富的精神财富来育人。扎根传统文化的深厚土壤，以优秀文化为载体，实现思想政治教育的创新发展。将思想政治教育创新发展和传承优秀传统文化相结合，为开展思想政治教育活动挖掘新资源、开拓新视野，充分发挥思想政治教育育人的强大功能。

优秀传统文化蕴含中国人怎样看待世界、怎样看待生命的价值观、世界观和人生观等内容，有着非常丰富的思想政治教育资源，阐述得也很系统。如果我们不把这些继承下来，在高校思想政治教育过程中没有让学生学习了解、消化、继承，学生的人生坐标就有可能偏离。

二、优秀传统文化的思想政治教育的优势

（一）有利于丰富高校思政教育的资源

从某种意义上来看，高校思想政治教育本身就脱胎于或来源于优秀传统文化，如果失去优秀传统文化的浸润和涵养，其就很可能成为无源之水，无本之木，就很可能会失去生命力和创造力。就高校思想政治教育而言，教育的传承应该是多元开放的，既要吸取外来，也要不忘本来；既要学习古代，也要学习现代，更要面向未来。但优秀传统文化始终是根基、是"源头活水"，它不仅为高校思想政治教育提供了丰富的教育内容，而且也为思政教育提供了可供借鉴的方式方法。

·111·

优秀传统文化的当代传承与价值探索

1. 丰富了高校思政教育的内容

高校思想政治教育不仅涉及政治观点、政治理论等方面的教育内容，更涉及深层次的理想信念、价值取向等方面的教育元素。优秀传统文化中蕴含着丰富的思想政治教育元素，充分挖掘、梳理和运用优秀传统文化，可以有效拓展和丰富高校思想政治教育的内容。任何民族的传统文化都会镌刻着本民族的烙印，这种烙印正是这一文化的精髓所在，把握好这些文化脉络和精髓，才能使我们的高校思想政治教育根植于传统文化的沃土之中，源源不断地从中汲取养分，从而也使高校师生从中获取向上、向善的价值理念，锻造自己的健康人格，提升自己的道德水平。中国古代社会历来重视对个人道德品质、善恶观念、自强不息精神、民族气节等方面的教育，注重对人的品行的培育，这些内容在优秀传统文化中均有体现。例如，"勿以恶小而为之，勿以善小而不为""见善如不及，见不善如探汤""己所不欲，勿施于人""不为穷变节，不为贱易志"等，都体现了中华民族在人生、道德、义利、国家等方面的观点和看法，这些内容本身就是思想政治教育的宝贵资源。但是，传统的高校思想政治教育并未有效挖掘、吸收优秀传统文化中的思想政治教育元素，故而这些具有中华民族特点的教育内容未能体现在高校思想政治教育中。

2. 丰富了高校思政教育的方法

自古以来，以孔子、孟子、韩愈、朱熹、王阳明等为代表的中国古代教育家和实践家都非常重视立德树人，在传道授业前首先注意提高自身的人文道德素养，加强自我修养，以身作则，克己内省，起到表率作用，以自己的言行对受教育者进行教化，传授做人做事的道理。优秀传统文化中的教育方法对今人的启示也很多，首先就是因人施教。古人认为一个人的出身、家庭背景、遗传基因、所处的环境、认知水平和学习能力是不同的，所以，倡导因材施教和因人施教，要求根据各人不同的身心特点，采取不同的方法和具有针对性的教学计划，只有这样，才能使学生更好地取长补短，使教化取得预期的效果。其次是注重学与思结合的教育方法。如"博学而笃志，切问而近思，仁在其中矣""学而不思则罔，思而不学则殆"，强调在教化过程中要引导受教育者把学习与思考结合起来，增强受教育者学习和思考的主观能动性。最后是强调知行合一，"知之为知之，不知为不知"，行比知更重要，仅仅闻思不行，关键在于行动。明代理学大师王阳明对此尤为重视，他就主张"知中有行，行中有知，以知为行，知决定行"。从

·112·

第五章 优秀传统文化的教育价值实现

道德教育层面看，他极力反对道德教育中的知行脱节和"知而不行"的现象。王阳明的知行合一思想，对我们当今教育是很有借鉴意义的。

总之，传统文化中的真知灼见或充满智慧的教育方法有很多，这些充满智慧的方法至今仍然闪烁着启人心扉的光芒，对我们做好包括高校思想政治教育在内的家庭教育、学校教育和社会教育，具有非常重要的启示意义和学习借鉴作用。

（二）有利于增强学生对传统文化和民族精神的认同

优秀传统文化是我们这个国家、这个民族绵延五千多年而不断绝的精神支撑，也是屹立于世界民族文化之林的独特力量，更是我们中国人安身立命的命脉和灵魂所在。在当今世界多元文化交流融汇的过程中，西方不良的价值观念正在不断地侵袭着我们，尤其是高校学生群体中追捧西方文化、向往西方文明的现象正在蔓延，如果我们不采取果断措施传承和弘扬自己的文化，让我们的子孙后代熟悉和了解本民族的文化，那么，中国人的精神就会失去依托，重心就会偏离。

党的十九大以来，党中央对此高度重视，已经把重视优秀传统文化教育提到议事日程上来。现在的问题是我们的教育行政主管部门和高校具体应该怎么办。一是教育主管部门应该从政策法规的顶层设计方面加以谋划，从宏观上考虑如何将优秀传统文化列入各高校的思想政治教育课程中，甚至考虑从中小学开始抓起，开展复兴国学的教育活动。二是高校要重视优秀传统文化的研究和阐释，应该组织相关专业的教师整理有关典籍，按照"创新性发展，创造性继承"的要求对优秀传统文化经典加以系统研究和阐释。三是拓宽高校优秀传统文化教育领域，培养这方面的人才，同步进行学科建设。高校应鼓励对中国传统文化有研究的教授专家开展大讲坛和讲座活动，培养学生对优秀传统文化的兴趣，以此内化于心，外化于行，寓教于乐，达到培养学生优秀思想品质、道德伦理和民族精神的目的。实际上这也是我们进行高校思想政治教育的题中应有之意。中国传统的激励警句是很多的，诸如"天行健，君子以自强不息""利于国者爱之，害于国者恶之"等，类似这种的名言警句在中国文化经典中可以说不胜枚举，这也是整个中华民族得以薪火相传的精神激励，使中华民族历经磨难而不衰，饱经沧桑而历久弥坚。把优秀传统文化引进高校、引进课堂，实际上是为高校学生打底色的工程。关于怎么做人，怎么做事，怎么待人接物，怎么处理好家与国、公与私的关系，行为方式如何调整等，中国传统文化中有丰富的阐述。不容否认，传统文化特别是儒家文化中道德励志的元素非常多，如果这些道德元素能够与现代法治精神中的契约精神交融起来，那么就会影响一个人的整个人生过程，哪怕此人一生经历无数坎坷，他心中始终都会有一杆秤，能分清是与非、公与私、善与恶，能坚守为人做事的基本底线，坚守自己所追求的理想和信念。这就是文化的魅力所在。哪怕身在异国他乡，灵魂深处始终都是与祖国相通的。如果我们的高校学生能够真正领略优秀传统文化的魅力，加强对传统文化的认识、认知和认同，那么他们很快就能成为传统文化的受益者、继承者和传播者，就能极大地提高整个中华民族的民族自尊心和自信心。

（三）有利于学生树立正确的价值观念和道德观念

只有不断从优秀传统文化中汲取营养，社会主义核心价值观才能有日益强大的生命力和广泛的影响力。对于正在成长中的高校学生而言，大学时代是其价值观念和道德观念树立与形成的关键时期和最佳时期，如果高校思想政治教育能在这一时期对学生进行正确教育和引导，必能取得事半功倍的效果。

优秀传统文化教育人们应该如何做人做事，这一点与高校思想政治教育的教育目的是相通的。在一个人的成长和发展过程中，树立怎样的价值观和道德观，对其成长和发展的影响甚大，特别是对于世界观、人生观、价值观正在形成中的大学生而言，更是如此。优秀传统文化从深层次来说是中华民族的精神所在，这种精神所蕴含的具体内容正是当前高校学生思想政治教育的重要资源。在优秀传统文化蕴含的价值观和道德观中，既有自强不息的奋斗精神，也有为追求真理不惜牺牲的奉献精神，又有尊老爱幼、团结互助的伦理道德规范以及爱国主义精神等。孔子说"未知生，焉知死"，强调积极入世，用自强不息的精神去创造生活；顾炎武云"天下兴亡，匹夫有责"，强调个人应心系国家，为了国家、民族而不懈奋斗。"大学之道，在明明德，在亲民，在止于至善""老吾老，以及人之老；幼吾幼，以及人之幼"，儒家的"仁者爱人"，墨家的"兼爱非攻"，倡导提高自身修养和尊老爱幼这一中华民族基本道德规范。一个社会只有形成尊老爱幼、团结互助的社会风气，才能使民族保持最基本的道德约束，才能给民族带来兴旺发达的愿景与力量。

第五章　优秀传统文化的教育价值实现

（四）有利于应对经济全球化给高校思想政治教育带来的挑战

在新的历史条件下，特别是随着经济全球化的日益深入，不同国家和地区之间的政治、经济、文化交流越来越频繁，各种资源要素、文化思想、价值观念等可以快速在全球范围内流动，打破了以往地域、国别等方面的客观限制，成为一股不可逆转的时代发展潮流，这既为高校思想政治教育的发展提供了新机遇，也带来了严峻挑战。优秀传统文化应积极适应这一潮流并融入其中，实现自身跨越式发展。长期以来，高校追求自由、包容、开放和独立，大学校园成为学术和思想百花齐放、百家争鸣的地方，极大地促进了现代教育事业的发展。与此同时，高校也成为各种社会思潮相互激荡的场所，良性社会思潮和不良社会思潮相互交织，充斥其间。作为大学校园的主力军，高校学生不可避免地处在多重社会思潮的包围之中。由于高校学生生活阅历相对较少，思想观念相对单一，在多种社会思潮冲击的情况下，很容易受到不利影响，从而迷失自我，迷失方向。当前，西方国家的不良社会思潮传入中国，对我国高校学生的成长和发展产生了非常不利的影响，严重制约了高校思想政治教育工作的开展。从本质上讲，任何事物的发展都是内、外因相互作用的结果，内因为主，外因为辅，在高校思想政治教育应对经济全球化带来的挑战，提高学生抵御不良社会思潮冲击的能力方面，亦是如此。

（五）有利于促进高校思想政治教育工作形成新机制

在中国历史上，就有诸多哲学家和教育家提出对人们进行思想政治教育的观点，并提出独特的教育方法，是当代高校思想政治教育的理论渊源。这些思想为当代高校思想政治教育工作机制创新提供了理论依据和重要启示。中国传统文化既重言传，更重身教，讲求知行合一，言行一致，这与高校思想政治教育所重视的调查研究、案例分析等研究方式，在理念上非常契合。通过吸收、借鉴中国传统文化中的优秀元素，挖掘其蕴含的丰富思想政治教育资源，可以增强高校思想政治教育的人文内涵。

三、优秀传统文化融入思想政治教育的必要性

（一）文化发展进步的要求

随着时代的发展，文化也在不断发展，衍生出了"文化自觉"和"文化自信"的文化形式。文化自觉指的是对文化的自我觉醒、自我反思和理性审视，是指生活在一定文化历史圈子中的主体要对自己的文化有一定了解，不仅要清楚其长处，也要了解其短处，更要了解和认识其他文化，能处理好本土文化与外来文化的关系。文化自觉的主体既可以是个人，也可以是共同体。文化自觉其实就是对自身文化进行自我觉醒、自我反省，以及自我创建。

文化自信的前提是文化自觉，是建立在文化自觉的基础上的。现如今，中国人民已经实现了文化自信，这都是因为中国人民对中华文化的高度认同和充分肯定，对我国文化充满了民族自豪感，并在文化自觉的过程中逐步实现的。从文化自觉到文化自信的实现，要归功于先辈和我辈的不断奋斗。文化自信的实现，使我们更加深刻地认识了中国的文化，也使我们对中华民族充满了民族自豪感，让我们对中华文化充满了信心，进一步坚定了我们实现中华民族伟大复兴的决心、信心，促进了中华文化的发展。

中华传统文化源远流长、博大精深、开放包容，具有强大生命力是中华文明能够薪火相传、生生不息的根本原因。中华文明上下五千年，有着悠久的历史，能否对优秀传统文化进行客观的评价和科学的扬弃，将决定中华民族能否实现"文化自觉"。那种轻易否定优秀传统文化的做法，就是对我们自身文化血脉的割裂，容易导致我国传统文化的继承与发展出现文化断层或文化"无根"的现象。

在领导中国人民革命、建设和改革的伟大实践中，中国共产党自觉承担起继承和发展优秀传统文化、创造马克思主义革命文化和社会主义先进文化、建设社会主义文化强国的历史责任。中国特色社会主义文化是继承优秀传统文化，以马克思主义文化为主导，吸收国内外优秀文化的一切积极因素，在改革开放实践中创造的，弘扬革命传统文化的文化。正是基于上述文化自觉，我们才有了道路自信、理论自信、制度自信和文化自信。

目前我国思想政治教育的主要任务就是在"取其精华，去其糟粕"这一原则以及马克思主义的指导下，对中国传统文化的内在价值作出充分肯定，做到文化

第五章　优秀传统文化的教育价值实现

自觉，才能坚定传承中国传统文化的自信心，努力挖掘优秀传统文化中存在的当代价值，实现文化自信。因此，我们要不断包容和吸收外来文化，努力把优秀传统文化融入现代思想政治教育中，以促进优秀传统文化成功完成现代化转型和创新发展，真正实现文化自觉和文化自信。

（二）发挥文化软实力的基本保证

文化软实力指一个国家或地区文化的影响力、凝聚力和感召力。具体来说，文化软实力是指一个国家维护和实现国家利益的决策和行动的能力，其力量源泉基于该国在国际社会的文化认同感而产生的亲和力、影响力和凝聚力。

作为一个民族的灵魂，文化是整个民族核心价值观的体现。它体现了民族对世界和生活的理解和感觉，并积累了民族最深刻的精神追求和行为。文化软实力是国家软实力的重要组成部分。就一个国家或民族而言，文化软实力主要是精神上的整合，它有利于民族凝聚力的形成，有利于民族团结和政权的巩固。反过来，文化的自信心也得以实现。如果一个国家对其传统文化缺乏信心，就会导致人们无视文化软实力的发展和建设，这等于放弃了文化主权。没有文化主权将导致该国或民族人民的价值观混乱，并导致其精神家园的丧失，更糟糕的是，这将导致人民的分裂和国家的分裂。因此可以看出，一个国家的文化发展程度直接关系到国家、民族和社会的进步程度。因此，作为一个由许多民族组成的国家，中国加强了中国传统文化软实力的发展和建设，这有利于增强中华民族的凝聚力和创造力，有利于增强中国的国际竞争力，有利于促进中国经济健康快速发展。像世界上其他民族的传统文化一样，中国优秀传统文化植根于中华民族的土壤。它代表着中华民族的思维方式、价值观念和道德观，它体现了中国人的生活方式，风俗习惯和心理特征。优秀传统文化的内涵深深地印在每一代人的心中，它体现了民族独特的社会性，重视民族的道德教育。文化本身具有一定的思想政治教育功能。中国思想政治教育的文化和民族属性也使我们无法离开优秀传统文化。因此，发展文化事业、发展和增强文化软实力就显得尤为重要。

（三）思想政治教育自身发展的内在要求

人们经过长期的探索，找到了最适合我国思想教育的理论——马克思主义，并要求在开展思想政治教育时，始终以马克思主义为指导思想。马克思主义作为一种非本国的理论学说，已经超越了民族和地域的限制，但是仍无法直接为我国

·117·

所用，并为中国的革命和建设事业提供具体的路线、方针以及政策。我们都知道，中华民族在数千年的发展过程中，具有丰富、辉煌的历史文化积淀，并形成了延绵至今的优秀传统文化，影响着中国人民的日常行为方式、思维模式、道德规范和价值取向等。所以，我国思想政治教育必须在中华民族优秀文化传统、思维习惯和价值取向等基础上开展，有选择地融入具有民族特色的优秀传统文化，只有如此，才能做到马克思主义中国化，才能使马克思主义基本原理和基本方法为我国的思想政治教育事业提供指导。

思想政治教育是一种教育实践活动，可以促进人思想道德素质的提升，促进人身心全面自由发展，并激励人们为中国特色社会主义的建设而奋斗。其中，身心全面自由发展也包含了对人的文化素质的要求，因此，思想政治教育必须关注文化。

当前，随着经济全球化趋势加快，国际国内形势发生着深刻的变化，并且随着改革开放和市场经济的不断发展，我国正处于社会转型期，整个社会的思想文化呈现出多元化倾向，大学生面临着大量西方思潮和价值观念的冲击，且这种冲击还有可能加剧。在这种情况下，部分大学生存在政治信仰模糊不清、诚信意识淡薄、社会责任感缺乏、艰苦奋斗精神淡化、团结协作观念较差、心理素质欠佳等问题，在各种文化和价值观的交融和碰撞中迷失自我，不知所措，失去了方向，因此出现了一些道德缺失、金钱至上、缺乏社会责任感、贪图享受、自私自利等不良现象和思想。这些问题的出现，归根结底，还是因为教育的缺失，对大学生思想政治教育不够彻底，对优秀传统文化的教育不够深刻。优秀传统文化为社会主义核心价值体系的孕育和构建奠定了丰富和坚实的思想文化基础，因此，在社会主义核心价值体系建设新时期，一定要加强和改进大学生思想政治教育，推动建构当代大学生思想政治教育体系，将优秀传统文化更好更快地融入大学生思想政治教育中。

目前，从我国思想政治教育的整体来看，我国思想政治教育工作更加注重思想教育的政治性，忽略了思想教育的文化性，从而造成思想政治教育资源过于单一、教育形式过于呆板等问题。忽略思想政治教育本身具备的文化内涵，就会导致思想政治教育过于枯燥呆板，缺乏一定的生动性和活力。这种思想政治教育缺乏文化性，不仅导致思想政治教育资源的范围过于狭窄，也在一定程度上削弱了思想政治教育的育人功能。优秀传统文化作为一种崇德型文化，在发展历程中形成了文化育人和文化育德的优秀传统，这就使得优秀传统文化成为思想政治教育

第五章 优秀传统文化的教育价值实现

的重要资源。因此，只有重视思想政治教育的文化性，不断从我国传统文化中汲取养分，才能实现思想政治教育的创新发展。换句话说，实现中国传统文化与思想政治教育的融合，是思想政治教育创新发展的必然要求。

（四）探索思想政治教育新路径的必然选择

思想政治教育具有一定的文化属性，需要在文化的基础上充分发挥其作用。优秀传统文化与思想政治教育的有机结合，是为了解决目前思想政治教育中存在的困难、探索思想政治教育新路径、提高思想政治教育的实效性，是思想政治教育发展的必然选择。随着经济全球化趋势的加快，人与人之间距离越来越近，文化的多元性趋势也日益明显，为了不让外来文化过分冲击大学生们的思想，使他们的价值观念、思维方式和行为方式发生剧烈的变化，各高校就应加强思想政治教育。目前看来，大多数高校的思想政治教育方式还是非常枯燥乏味的，手法比较单一，很难让学生产生学习兴趣，并且往往通过学科方面的知识和技术对问题进行表面化的解决，不重视挖掘和运用优秀传统文化。即使有些高校将优秀传统文化作为依托，也仅是停留在灌输层面，并没有深入研究和考察优秀传统文化的实质内涵、时代背景，以及阶级立场等因素。更有甚者，有些思想政治教育工作者都对这些并不了解，如果自己都做不到了解和深入研究，那么教育效果怎么可能显著呢？这就使得优秀传统文化在思想政治教育中的作用并未达到预期效果，甚至导致大学生对优秀传统文化失去兴趣。在全球化时代，不同文化之间的频繁交流使世界文化逐渐多样化，各种价值理论的出现严重影响了大学生的态度和观念。很多学生既没有了解外来文化的精髓，也没有领会到我国文化的精髓。因此，在多元文化碰撞的过程中，一些大学生的价值观趋于极端。例如，在学习中，只专注于专业课程，却忽略了精神层面，导致对思想政治教育课程不够重视，更愿意追求物质和经济利益。所以说，传统的以说教为主的思想政治教育模式已经无法适应现在的时代发展，也无法及时解决上述问题，所以一定要改变教育方式，重新树立学生的民族自信心和爱国主义精神等。并且，大学生们也要自觉起来，我们是优秀传统文化的传承者，要主动担负起这个重担，认真学习优秀传统文化知识，在学习中寻找适合自己的学习方式，为探索思想政治教育的新途径提供切入点。

·119·

四、优秀传统文化融入思想政治教育的可能性

（一）价值观的契合之处

社会主义核心价值体系的核心内容就是社会主义核心价值观，社会主义核心价值观包括富强、民主、文明、和谐，自由、平等、公正、法治，爱国、敬业、诚信、友善等内容，其中，前四项内容为我国社会主义初级阶段的奋斗目标，体现了社会主义核心价值观的发展目标必须符合国家层次的要求；中间四项内容是对价值取向的规定，体现了社会层面的要求，是党和国家奉行的核心价值理念；最后四项是对道德准则层面的规定，体现了社会主义核心价值观必须满足个人层面的要求。优秀传统文化凭借其丰富的价值内涵，形成了这些重要价值，成为社会主义核心价值观的理论渊源和动力。优秀传统文化所倡导的价值观和中国思想政治教育所倡导的核心价值观在很多方面可以结合。当然，并非优秀传统文化所倡导的所有价值观都能适应中国目前的思想政治教育，因此，我们不能照抄照搬，一定要以批判的态度对待传统文化所倡导的价值观念。

（二）教育目标的共同之处

在教育目标上，我国思想政治教育与传统文化教育也有共同之处。目前，我国思想政治教育的教育目标是提高人们的思想道德素质，促进人们的全面发展，使其更好地为建设中国特色社会主义贡献力量，为实现共产主义而奋斗，传统文化教育的教育目标是培养德才兼备的"君子"品质，可见两者都注重道德素质的培养，是有共同之处的。思想政治教育的目标：一是促进思想道德素质的提高，使人们具备良好的思想道德品质，这是我国实施思想政治教育的内在目标；二是促进人的自由全面发展，这是我国实施思想政治教育的最终目标。优秀传统文化教育注重伦理道德，儒家基本精神是"仁义""仁者爱人"。在当今社会，高校要以社会主义核心价值观为引领，教育和引导大学生提高自己的思想道德水平、树立积极的人生价值观和远大的理想抱负，只有这样才能很好地实现立德育人这一目标。优秀传统文化应与大学生思想政治教育融合，我们应弘扬光明美好的道德，主动进行革新，最终实现自我发展。儒家经典《论语》将中国传统人格思想分为三个层次：第一层次是圣人，是中国传统文化传统人格的核心境界。第二个层次是绅士，是具有良好道德的人，这是中国传统文化理想人格的核心要素。第三个层次是人，这意味着能够遵守社会规范的人是中国传统人的基本标准。中国

第五章 优秀传统文化的教育价值实现

传统文化对理想人格的追求也是对人们道德品质的要求。从这里可以看出，我国思想政治教育与中国传统文化教育的目标都是提高人的思想道德素质，并都将这一目标置于核心位置，体现了中国传统文化教育和思想政治教育在育人目标上的相同之处。而且，从我国思想政治教育以共产主义为导向，所有的目标都是为了中国特色社会主义的建设，最终实现共产主义中可以看出，我国思想政治教育的根本属性为政治属性。中国传统文化教育注重对个人与家族、社会、国家之间关系的协调，强调"修身、齐家、治国、平天下"，可以看出中国传统文化教育的根本属性也为政治属性。通过上面的对比，我们可以看出，我国思想政治教育与中国传统文化教育都具有政治属性，这就体现了二者属性的一致性。

（三）教育内容的相通之处

在当今时代，由于生活水平的提高，成长环境的优越，部分大学生缺少艰苦奋斗精神，亟须提高思想道德水平，所以目前各高校都有提升学生思想道德素质的教育目标。而我国优秀传统文化在这一方面的确与现代的教育内容有相通之处。例如，在古代，"内圣外王"被视为最高的人生境界。《周易》中的"天行健，君子以自强不息"，曾子说"士不可以不弘毅，任重而道远"，孟子说"富贵不能淫，贫贱不能移，威武不能屈"，张载说"为天地立心，为生民立命，为往圣继绝学，为万世开太平"，这些都鲜明而生动地阐明了古人的人生态度和思想境界。这些传统文化中的进取精神和人生态度可以为现代教育提供参考和借鉴。所以这就要求各高校积极借鉴传统文化的精髓，将传统文化所蕴含的思想与现代思想政治教育结合起来，教育学生建立自己的理想信念，不断努力提高自我，取得重大成就，承担历史使命和社会责任，积极努力实现中华民族伟大复兴的梦想。

当然，时代的发展不仅需要坚定的理想、信念和不懈的自我完善，还需要良好的思想道德素质。由古至今，其中最重要的道德素质应该就是诚信。孔子教育学生的"四教"中有"忠"和"信"，孟子有"信于友有道"，要求真诚待人、言行一致、恪守诺言。可以看出，古代对诚信的要求也是非常高的，因为"诚信"是传统文化中的价值取向之一，是对做人的基本要求。因此，我们要倡导传统文化中的诚信思想，真诚待人，言而有信，各高校也应加强对诚信友善精神的宣传，加强诚信教育。当今社会，有很多人因为诚信的缺失而毁了自己的前途，目前我国已经越来越重视诚信对社会发展影响，对于失信人的惩罚也越来越重，这是一项很好的举措，能让人们深刻认识到诚信的重要性。

·121·

优秀传统文化的当代传承与价值探索

中国传统文化中的"大同思想"与思想政治教育中的理想教育之间相通相融。思想政治教有中的理想教育就是以共产主义理想为中心的教育。共产主义就是财产社会公有、人人地位平等，人性能够充分发展。而中国传统文化中的"大同思想"就是人人平等、人和物都能充分发挥其作用。由此可见，优秀传统文化中的教育内容与思想政治教育中的教育内容之间存在一定的相似之处，这就使得我国先进知识分子能够很好地理解并接受共产主义理想，从而促进共产主义在我国的传播。

目前在我们国家，讲究以和为贵，要求人与人和谐交往，这也是从传统文化中吸取的精髓。中国古代"贵和持中"的理念对现代的社会发展具有重要意义，所以，高校思想政治教育应教育学生客观理性对待人与人之间的差异，正确冷静处理遇到的矛盾和问题，积极建立和谐的人际关系。

不仅仅是传统文化中的道德思想与现代思想政治教育有相通之处，优秀传统文化中的哲学思想——朴素唯物辩证法思想与思想政治教育中的科学世界观也有着相似之处。思想政治教育中的科学世界观教育的内容包括辩证唯物主义的两个方面：一是辩证唯物主义；二是历史唯物主义。前者是指在物质统一性的基础上，通过辩证法介绍对立统一、质量互变，以及否定之否定，坚持人类呈现螺旋式和波浪式前进的历史辩证法。历史唯物主义则是介绍了人类社会发展变化的原因，强调社会存在、物质生产，以及人的实践对社会发展的作用。中国的传统文化更加重视以物质生产条件和民心向背为出发点对历史的更替进行思考，以人们的物质生活为出发点对社会的道德与文明进行研究。由此可见，优秀传统文化中的朴素唯物辩证法思想与辩证唯物主义和历史唯物主义之间存在相似之处，即优秀传统文化与思想道德教育内容之间有一定的相通性，使两者融合成为可能，促使思想政治教育在中国文化的土壤中不断发展，不断获取新的生命力。

（四）教育方法的互补及共通性

传统文化教育与现代思想政治教育在教育方法上并不是完全相同的，但是有互补之处以及共通性。传统文化强调"谨慎独立"和"内省"，注重自律，考察修养。儒家思想强调自我反省。《论语》中有"见贤思齐焉，见不贤而内自省也"，曾子讲"吾日三省吾身：为人谋而不忠乎"，这与高校思想政治教育促进大学生加强自身修养是一致的。高校应培养学生的自律能力和道德反思能力，使其形成遵守社会公德和国家法律法规的内在动力，具备自觉践行社会主义核心价

· 122 ·

第五章　优秀传统文化的教育价值实现

值观的常识。中国古人特别重视环境的影响，生动而贴切地阐述了外部环境对人的成长的重要性。大学是学生在短期内生活、学习的一个重要环境，学生会受校园环境氛围的影响，一个学习氛围浓厚的校园，学生的学习能力都特别强，一个文化氛围浓厚的校园，里面的学生大多温文尔雅，素质水平特别高。所以大学环境对学生的影响非常重要。因此，我们必须高度重视校园文化建设，为学生创造良好的环境，通过周围的小事教育学生，帮助学生养成立良好品格。

高校思想政治教育应根据学生的人格差异、性格特征、兴趣爱好，采用不同的教育方法。思想政治教育的方法是多种多样的，如理论灌输法、实践锻炼法、自我教育法等，其中最基本也是最重要的当属理论灌输法。思想政治教育作为一门极具意识形态的学科，需要通过思想灌输者对受教育者进行思想理论教育。但是我国长期以来过度重视思想政治教育的德育功能，而忽略了其文化功能，这就导致思想政治教育更多只是简单的理论说教和表面灌输。在思想政治教育过程中，思想政治教育工作者往往采取简单粗暴的教育方式，很少考虑受教育者的实际情况和自身特点，导致受教育者只是消极被动地去接受这些理论，而无法做到内化吸收，更别说运用到实践中去。这就使思想政治教育工作变得枯燥无味，思想政治教育也无法充分发挥其作用，从而使得思想政治教育难以适应新形势发展的要求。

思想政治教育过分关注其意识形态的结果就是导致自身的文化属性和人文精神被忽略，然而，优秀传统文化教育的教育方式正好能够弥补这一不足之处。首先，优秀传统文化教育强调"以文化人"，通过文化对人的品质、思想观念，以及行为模式产生内化影响。其次，优秀传统文化教育注重"知行合一"的道德践履，可以说"知行合一"是我国传统文化在长期的探索中形成的独具特色的思想道德教育的方法论系统。以上的优秀传统文化提倡的教育模式能够弥补我国思想政治教育的不足之处，其再与现代教育方法融合，成长为更具时代特色，更加适合学生的教育方法。不过，思想政治教育还是离不开理论灌输这一教育模式的，只是教育者在进行思想政治教育时过于重视成果，忽视了内在渗透力、受教育者的自省能力，以及受教育者的道德实践，过于强调理论灌输的教育模式，从而使思想政治教育无法达到预期目的。因此，我们一定要结合时代发展，在进行思想政治教育时，改变目前的教育模式，进行符合学生特质的教育，促进大学生积极主动地进行反省，提升自身的思想道德素质，培养自身道德品质，开阔自己的眼界，从而促进我国思想政治教育的发展。

• 123 •

优秀传统文化的当代传承与价值探索

五、优秀传统文化融入思想政治教育的策略

中华传统文化历史悠久、内涵丰富，是中华民族特有的精神标识与身份象征。作为思想政治教育的丰富资源，优秀传统文化不仅包含丰富的人文情怀，还包含着深邃的哲学思想，但如今的思想政治教育对此没有很好地加以继承和弘扬，没有完全发挥出优秀传统文化在思想政治教育中的强大作用。深入学习、探索优秀传统文化，充分汲取其精华，寻求实现优秀传统文化思想政治教育功能的有效路径，不仅是实现思想政治教育"立德树人"目标的重要举措，也是发扬优秀传统文化的重要方式。

（一）理论与实践并重：创新优秀传统文化融入思政课的方式

青年学子是我们党和国家的未来，是社会主义事业的继承者，因此，各高校必须始终坚守为国家发展培养人才、为我们党进步培养人才的责任和使命，这也是思想政治教育的目标所在。讲好大学第一课思政课，运用多种方式在思想政治理论课教学中融入优秀传统文化，不断提高学生的文化素养，唤醒他们的文化自觉与自信，不断提升其理论水平和个人涵养，是思想政治教育亟须关注和迫切解决的问题。坚持理论与实践并重，将优秀传统文化融入思政课教学，不仅要重视理论学习，也要关注实践教学，这是实现优秀传统文化强大的思想政治教育功能的路径之一。

1. 在理论学习中融入优秀传统文化

思想政治理论课具有丰富的教育内容，是大学生理论学习、道德养成的主课堂，是发挥优秀传统文化思想政治教育功能的主要途径之一。将优秀传统文化融入思想政治教育理论学习中，要求我们借鉴优秀传统文化深厚的精神内核。众多学者对传统文化的精神内核展开研究，哲学家方克立认为中国传统文化的基本精神包括"天人合一"精神、"贵和尚中"精神、"以人为本"精神及"刚健有为"精神。教育家张岱之认为传统文化的基本精神有"自然"精神、"会通"精神、"人文"精神、"奇偶"精神等。笔者从思想政治教育的发展需求出发，将传统文化的精神内核简要归纳为超越自我的大爱精神、自强不息的奋斗精神及天人和谐的崇高精神。思想政治教育在理论学习中融入优秀传统文化需关注以下几点。

一要传承与发展优秀传统文化超越自我的大爱精神。儒家思想体系中，仁的本质即爱人。最早提出"仁者爱人"理念的是儒家思想的创始人孔子。孔子的

· 124 ·

第五章　优秀传统文化的教育价值实现

"仁者爱人"以"爱"为核心，囊括了爱亲、爱众与爱物的范畴，在这一范畴的指引下，讲仁爱成为古代治国安民、协调人际关系的行为指南。思想政治教育传承与弘扬优秀传统文化超越自我的大爱精神是实现思想政治教育立德树人目标，培养社会主义事业建设者和接力人的前提与基础。

二要继承与发展优秀传统文化自强不息的奋斗精神。可以说，百折不挠的奋斗史即是对中华民族发展史的形象表达。不论是"天行健，君子以自强不息"，还是"其为人也，发愤忘食，乐以忘忧，不知老之将至"……这些都是对中华民族奋发图强的拼搏精神的真实写照，显示出中华民族屡遭坎坷而不馁，久经磨难而不屈的奋斗精神。优秀传统文化中的自强不息的奋斗精神，是培养青年学生艰苦奋斗、奋发图强精神的理论源泉，是激励中华儿女艰苦拼搏的不竭动力，是实现中华民族伟大复兴梦想的必备品质，更是思想政治教育义不容辞的责任与使命。

三要传承与弘扬优秀传统文化天人和谐的崇高精神。天人合一思想始终是优秀传统文化的主要思想。天人关系是古代哲学研讨的一个重要问题，是哲学家必须面对和思考的一个基本问题。坚持天人合一思想的指导，是哲学家处理天人关系的首要选择和主要方式。传统文化中的"天"与我们现在说的"自然"并非同一概念，"天"的含义要比"自然"更丰富，传统文化中的"天"始终涵盖着现代意义上的"自然"。天人合一的本质是人与自然的和谐、融洽相处，天人合一最深层的含义就是要求我们把自然界看作人包括万物在内的生命之源。"天地者，万物之父母也"，这表明天地是所有事物诞生的源头，人作为万物之一，始终只是自然界的一部分。因此，人们应爱护、顺应、保护自然，在顺应自然万物生长规律的基础上对其进行合理利用与改造，使自然更好地造福人类，努力实现双赢。思想政治教育引导学生传承和弘扬优秀传统文化天人和谐的崇高精神，树立和谐理念、实现和谐价值，不仅是建设社会主义生态文明的现实需求，也是使学生树立正确的道德观，实现社会和谐的有效举措。

2. 在实践教学中融入优秀传统文化

在实践教学中融入优秀传统文化，要求教育者在上思政课的过程中，不但要努力传授优秀传统文化的理论知识，同时也要认识到优秀传统文化鲜明的实践性，积极引导学生在思政课学习过程中坚持理论性与实践性相统一。教育者应将课堂上的理论学习与课堂外的实践活动有效结合起来，把课堂上所学的传统文化理论知识有效运用到课堂外的实践活动中，进一步传承和发扬优秀传统文化。

·125·

优秀传统文化的当代传承与价值探索

教育者应立足实践，在思政课实践教学中融入优秀传统文化。之所以要把优秀的传统文化融入实践教学中，是因为，一方面传统文化具有显著的实践性特征，优秀传统文化是人们经历漫长的历史长河，在艰难竭蹶的实践过程中创造和积淀的，具有鲜明的实践性，如百折不挠的拼搏精神、奋不顾身的爱国主义精神、知行合一的思想理念及注重实际、看重实效的务实精神等都是教导人们在实践中运用和检验所学知识。另一方面，理论知识是思想的先导，是实践行动的源泉。只有在正确理论引导下的实践活动才有可能取得更为显著、理想的效果，只有经过实践检验的理论才能成为真理，成为人们的行动指南。在实践教学中融入优秀传统文化，要求我们重视下述两点。

第一，必须注重实践教学基地的开发和建设。作为有效开展实践教学的重要内容之一，实践教学基地建设的成败关系到实践教学水平的高低。故而，为确保思政课实践教学活动的顺利、高效开展，学校应积极寻求校外单位、企业进行合作，建立一个持久稳定的实践教学基地。校外实践教学基地可以是博物馆、兄弟院校、历史遗迹、革命基地、名人故居等。

第二，要高度重视学生社会实践，促使社会实践常态化。思政课实践教学应注重以学生思想道德情操的熏陶、贡献意识的强化、思维视野的拓展、专业知识的巩固与提高为目标，坚持活动开展以学生的思政理论知识和技能为基础，以学生的需求和爱好为立足点，力求实践活动的形式多而不乱，内容杂而有序，促使社会实践活动成为思政课教学的常态化选择。做到社会实践活动的常态化，需从以下几个方面入手。

一是学院领导要高度重视，密切关注学生社会实践。思政课社会实践能否成为一种持续化、常态化的活动，很大程度上取决于院系领导对这一活动的认识和重视程度。二是实现思政课社会实践活动的常态化，要措施得力并善于总结。思政课社会实践活动的持续化进行，需要保证每一年、每一季度、每一月、每一次的实践活动都能顺利、高效地开展。积极采取有效措施并坚持不断总结，是实现社会实践活动常态化的有力保证。三是社会实践活动的常态化贵在坚持不懈、重在积累经验。社会实践活动的开展不应该是出于某个人的一时兴起，更不应该是形式工程。社会实践活动的常态化要求学生深入实践教学基地，积极参与每一次社会实践活动，切实关注每一次社会实践活动的对象、任务，从小事做起，从基础做起，坚持不懈、不断积累，这是实现社会实践活动常态化的有效举措。

第五章　优秀传统文化的教育价值实现

思政课在实践教学中融入优秀传统文化，要求我们在开展与思政课相关的社会实践活动时，必须紧密结合优秀传统文化，将传统文化中满足思想政治教育发展需求的优秀成分运用到学生社会实践活动中。这不仅是充分发挥优秀传统文化思想政治教育功能的重要路径，也是实现思想政治教育创新发展的有效举措。

（二）加强网络阵地建设：改进优秀传统文化的功能实现方式

新时代背景下，现代信息技术迅速发展，高校成为信息技术高度集中的场所。利用多媒体了解、接触社会，获取信息已成为大学生的内在需求，大部分学生选择利用网络达到学习知识、交流信息的目的。网络以全新的方式深刻影响着当代大学生的学习、生活和行为模式，网络在新时代思想政治教育的发展中具有举足轻重的地位。灵活运用多媒体技术，不断加强网络思想政治教育阵地建设，切实改进优秀传统文化的功能实现方式，无疑是发挥优秀传统文化思想政治教育功能的重要路径。

1.加强网络思想政治教育阵地建设

在新的时代背景下，思想政治教育要与时俱进、顺势而为、因势而变。思想政治教育应积极响应时代的呼唤，不断加强网络阵地建设。面对互联网技术的迅速发展，我们应积极掌握主动权，充分利用多媒体技术发展的新机遇，积极开展网络思想政治教育，不断加强网络思想政治教育阵地建设，寻求思想政治教育工作的新载体，切实提高思想政治教育的针对性、亲和力和感染力。

加强网络思想政治教育阵地建设，要充分重视"两微一端"建设，即微博、微信和移动客户端的建设，此外，还需关注快手、抖音等短视频平台的建设。随着智能化数字设备的日渐普及，移动网民数量呈现爆发式增长，这一现状在高校更为突出。成长于数字时代的大学生，对网络情有独钟，通过网络，他们了解国内外最新动态，和不同地域的人交流沟通，获取需要的理论知识。可以说，网络渗透在他们生活的方方面面，时刻伴其左右。

思想政治教育进行"两微一端"建设，学校、院系可创建有关优秀传统文化教育的公众号，聚焦学生日常生活，着力宣传传统文化中的精华部分，通过身边人、身边事来宣传优秀传统文化，切实发挥优秀传统文化在思想政治教育中的强大功能。此外，学校、学院网站可设置专门的传统文化版块，推出"诵读经典，继承传统""传古今经典，树当代典范""学传统文化，做当代智者"等主题教育

·127·

专栏，引领学生在继承传统的过程中提升文化素养，实现自身成长，寻求成才路径。同时，在进行网络思想政治教育的过程中，学校还应积极建立以辅导员和学生干部为主的工作队伍，时刻关注学生的网络动态，加强网络舆论监控，做好网络舆情引导工作，引导网络舆情朝着思想政治教育需要的方向发展。

有效开展思想政治教育，不断加强网络思想政治教育阵地建设，创新优秀传统文化在思想政治教育过程中的传播方式，是增强思想政治教育说服力和感染力的必然选择，是实现思想政治教育深入发展的本质要求，也是实现优秀传统文化的思想政治教育功能的有效措施。

2. 改进优秀传统文化在思想政治教育中的功能实现方式

继承、弘扬优秀传统文化是提高思想政治教育针对性和渗透力的有效路径，也是持续丰富思想政治教育内容，不断完善思想政治教育理论体系的内在要求。

积极发挥优秀传统文化显著的思想教育功能，寻求其功能实现路径，要求我们立足思想政治教育实际，努力改进优秀传统文化在思想政治教育中的功能实现方式。功能是指事物本身具有的作用，它和价值有相似之处，可理解为满足主体需要的属性，但两者并不是完全相同的。事物只要能够满足主体的需要，就说明对主体而言，它是有价值的，这种价值可以是后天形成的，也可以是先天具有的，但功能是指事物本身就具有的作用属性，这种作用是先天存在的。积极发挥优秀传统文化具有的强大思想教育功能，是提高思想政治教育说服力和感染力的必然选择，也是充分实现优秀传统文化的思想政治教育功能的有效措施。因而，优秀传统文化的功能实现问题可以而且也应该作为思想政治教育创新发展的突破口，改进思想政治教育发展的新方式，离不开优秀传统文化思想政治教育功能的实现。

就现实路径而言，改进优秀传统文化思想政治教育功能的实现方式可从下面几点着手。首先是坚持推陈出新原则，积极发扬优秀传统文化中的优良道德观念、崇高精神品质，培养德智体美劳全面发展的学生，使其切实提升自身综合素质。教育者不只是思想政治教育的主体，也是开拓优秀传统文化思想政治教育功能的实现路径的主导者及实施者。其次是弘扬优秀传统文化崇德重教、以文化人的优良传统。教育者在思想政治教育过程中应营造积极向上的主流文化氛围，进一步优化思想政治教育的环境，进而推动思想政治教育活动的高效开展。最后是继承优秀传统文化始终积极倡导的"民本""人本"思想及"有教无类"的教育思想。思想政治教育应坚持以人为本的思想，坚持因材施教，明确教育只能因时而异、因人而异、因事而异，绝不可先入为主。

第五章　优秀传统文化的教育价值实现

（三）发挥优秀传统文化的育人功能：助力校园文化建设

我们应继承和发展优秀传统文化，推进校园文化建设，使学校成为学习环境优雅、学术氛围浓厚的殿堂，在更大范围、更深层次上丰富校园文化内涵，增强校园文化底蕴，进而营造浓厚文化氛围，以文化繁荣助力民族复兴的伟大事业。通过传承优秀传统文化来助力校园文化建设，不仅需要我们转变校园文化建设理念，准确定位优秀传统文化，同时还需要我们发挥优秀传统文化的显著教育功能，唤醒学生这一校园文化建设的主体，引导他们主动投入校园文化建设中，这是实现优秀传统文化思想政治教育功能的重要路径。

1. 转变校园文化建设理念，准确定位优秀传统文化

以优秀传统文化助力校园文化建设，要求我们准确定位优秀传统文化，主动转变校园文化建设理念。优秀传统文化作为思想政治教育的理论基础，在思想政治教育中有着不容忽视的重要地位。优秀传统文化事关国民精神信仰问题，事关核心价值观的培育问题，事关思想政治教育的根本问题。因此，在以优秀传统文化助力校园文化建设的过程中，要准确定位优秀传统文化，转变校园文化建设理念，这是对用优秀传统文化促进校园文化建设的本质要求。

优秀传统文化事关社会主义核心价值观的培育问题。社会主义核心价值观囊括了社会发展方方面面的要求，无疑是进行思想政治教育的重要内容和丰富素材。新时代背景下，树立和培育当代青年的社会主义核心价值观，必须立足于优秀传统文化的传承和发展，汲取优秀传统文化的深厚文化底蕴。毫无疑问，历经数千年历史洗礼的优秀传统文化依然是树立社会主义核心价值观的理论基础，同时，优秀传统文化也是实现思想政治教育创新发展的素材来源。

优秀传统文化事关国民精神信仰问题。新时代背景下，西方文化已渗透到我国国民生活的方方面面，西方盛行的自我主义价值观对我国国民的精神信仰产生了强烈冲击，导致了人们的自我怀疑和信仰混乱，出现了一些道德滑坡现象，对社会发展产生了不利影响。以儒家伦理道德为核心的优秀传统文化，是人们精神信仰的源泉和基石，其大力主张的仁者爱人、尊师重道、诚实守信、修身克己、与人为善等精神，是新时代背景下人们坚守初心、坚定信念的屏障，是青年学生培育社会主义核心价值观，树立崇高精神信仰的保障，同时还是我们重新建构健康精神家园，有效消除信仰危机的理论和实践支撑。

优秀传统文化事关思想政治教育的根本问题。思想政治教育的首要任务是

· 129 ·

"立德树人"，其根本目标也是"立德树人"。实现国家富强、民族复兴，要求我们在"立德树人"思想的指导下，有效开展思想政治教育。"立德树人"强调以德树人，重在"德"。而贵德、尚德始终是优秀传统文化的突出特征和显著标志。不置可否，一直以来，人性涵养与道德培育始终是优秀传统文化关注的焦点，不但如此，儒家学说作为优秀传统文化的重要组成部分，其所倡导的仁、义、孝、悌、忠等更是成了民族性格中世代相传的文化基因，即使是在21世纪的当下，这些内容仍然闪耀着价值理性光辉，发挥着道德规范作用。因此，实现思想政治教育"立德树人"的根本目标，离不开对优秀传统文化的学习和研究，离不开对儒家优良伦理道德的继承与弘扬。

2.唤醒校园文化建设主体，发挥优秀传统文化的思想政治教育功能

我们应用优秀传统文化来培养和塑造当代青年，引导他们积极投入校园文化建设中，用自身深厚的理论知识、严谨的行为举措促进校园文化建设。这是发挥优秀传统文化强大的思想政治教育功能，促进校园文化建设的合理路径。

我们应发挥优秀传统文化强大的思想政治教育功能，唤醒校园文化建设主体。思想政治教育不仅要继承传统文化的崇高精神品质，同时，还需要借鉴其蕴含的有利于思想政治教育发展的较多教育方法及教育原则，培养思想素质高、政治修养硬、道德水平高的社会主义新青年。

在教育内容上，思想政治教育要充分借鉴传统文化的崇高精神品质。一是国家兴亡、匹夫有责的爱国担当精神。爱国担当精神贯穿我国历史、文化发展过程的始终，成为促进民族团结、推动社会发展和实现国家富强的精神纽带。二是坚韧不拔、百折不挠的奋发进取精神。传统文化塑造了国民自立自强、百折不挠的崇高精神品质，奋发进取精神多次挽救处于危难中的中华民族，是中华民族前进的精神动力。三是舍生取义、杀身成仁的高尚道德情操。崇尚道德、强调道义是我国优秀传统文化的一大特征。优秀传统文化视道义和道德为个体成长的基石，重视道义、道德在人生成长历程、社会发展过程中的作用和地位。四是愤而忘食、乐而忘忧的积极人生态度。这种乐观、积极的人生态度，始终鼓舞着人们用乐观豁达、安然若素的心态面对人生的挫折与磨难，塑造了中华民族独有的积极向上、乐观旷达的精神面貌。

此外还有团结友爱、诚实守信、宽容大度、厚德载物等优良品质，需要说明的是，优秀传统文化中可供思想政治教育借鉴、继承的内容绝不止这些，以上只是选择性地列举了其中比较有代表性的一些，也是较为核心、主要的部分。

第五章 优秀传统文化的教育价值实现

在教育原则及方法上，优秀传统文化为思想政治教育提供了很多可以借鉴的方法及原则。一是重视德教的原则，崇德、尚德是我国文化的优良传统，在中国传统教育和国家治理中，道德教化始终占据着主导地位。"立德树人"作为思想政治教育的使命和目标，要求思想政治教育必须注重道德方面的教育，坚持以德育人、以德化人。二是重视实践的原则，这是儒家进行道德教化的基本原则。孔子认为，评价一个人的品德，不仅要听其言，更要观其行。在道德教化方法上，儒家思想主张理性认知和亲身体验并重，主张实践。"博学之，审问之，慎思之，明辨之，笃行之"（《礼记·中庸》），即理性认知和自我实践相结合的体现。同样，思想政治教育既要重视理论学习，也要注重实践提升，正所谓"实践是检验真理的唯一标准"，思想政治教育成效如何，最终还是要通过实践来检验的。三是重视内省的方法。儒家始终坚持的一种育人方法是"内省"，即自我反省。《论语》中说："见贤思齐焉，见不贤而内自省也。"可见一个人要想形成良好的道德品质，必须进行自我反省，摈弃不足之处，汲取优秀成分，如此，方可成为贤者。这对当代思想政治教育活动的有效开展具有重大启示意义，思想政治教育不能脱离灌输，这是由其自身属性决定的，但灌输必须与反省相结合，没有学生的自我反省，思想政治教育很难取得理想效果。

除上述几个方面外，优秀传统文化中还有众多有关教育的原则与方法，如身先垂范的原则、陶冶教育的方法、情感教育的方法及修身、克己、慎独、齐家等，此处不做一一论述。需要明确的是，优秀传统文化源广流长、博大精深，是我们进行思想政治教育的深厚文化土壤。

第四节　优秀传统文化中的心理健康教育价值

一、心理健康的标准

心理健康的本质是一种持续的良好的心理状态，是个体整体健康的反映。目前对心理健康较为常用的定义是在第三届国际卫生大会上提出的，该定义认为心理健康是人在身体、智能及情感上，在与他人的心理健康不相矛盾的范围内，将个人心境发展成最佳的状态。

与之相对的，心理健康标准则是对心理健康概念的细化。国内外研究者因为对人性观、价值标准和文化相对性等的立场、理解各异，所以对心理健康也有各

·131·

优秀传统文化的当代传承与价值探索

评定标准。例如，美国著名的社会心理学家马斯洛（Maslow）认为心理健康要以自我实现者所共有的心理特点为标准，即内在本性得到充分发挥的人才代表着心理健康。国内学者刘华山则从"众数标准"出发，注重描述统计学上占大多数的心理健康个体的行为特征和品质范围，如具备自控能力、自尊心、人格相对协调与稳定、能自我悦纳等。临床心理学家则从精神病学角度出发，以病因或症状存在与否作为评判心理健康的标准，在此思想指导下，心理健康被视作以心理疾病的有或无为判定标准的单维结构，为消极心理健康观。此后又有学者提出与之相区别的积极心理健康观，该观点认为积极心理健康表现为人格和社会环境的良性互动状态。值得注意的是，随着21世纪以来积极心理学研究的逐步深入，"完全心理健康"的理念在整合了以往消极心理健康观和积极心理健康观的基础之上被越来越多的研究者所认可，该理念强调心理健康的个体不应存在心理症状，同时应拥有较为积极的心理品质，如幸福感。幸福感被视作心理健康的重要指标，是积极心理学研究的重点。历史已经证明，人类社会越进步，一些个体层面和集体层面的积极品质越会被关注，如幸福、美德、创造力等。因此，从积极心理学视角看待心理健康极具时代意义。

（一）心理健康的正性指标：幸福感

"幸福感"是积极心理学视域下心理健康观点的核心概念和正性指标，是一个综合的、多维的积极心理结构。现代心理学在基于哲学"快乐论""实现论"的基础上分别提出了"主观幸福感"（SWB）和"心理幸福感"（PWB），两者在来源、概念及测量标准上有着很大的区别。其一，主观幸福感主要从"积极情绪""消极情绪"及"生活满意感"这三个指标来测量人们对自己生活状态的评价，这种评价不会随着时间或环境的变化而发生重大改变。其二，心理幸福感的测量指标主要由自主性、与他人的积极关系、掌控环境、个人成长、生活目标感、自我接纳等维度所构成，其强调个人潜能得到发挥所带来的愉悦的情感体验。按照自我决定理论的观点，心理幸福感也是个体需求满足或目标实现的产物。近年来有将SWB和PWB进行整合研究的趋势。

（二）心理健康的负性指标：焦虑、抑郁

早期的精神分析学派认为，在力比多的作用下，当个体不可避免地遭遇负性心理事件而又采取了不恰当的防御机制时，就有可能产生焦虑。有学者认为焦虑是个体面对威胁情境时会产生一系列的身心不适感。

第五章　优秀传统文化的教育价值实现

抑郁是人类心理问题和疾病最常见的病因，基本上每个人在一生中的某个时段都或多或少体验过抑郁。其症状表现为心情的长时间低落及兴奋感缺失。有的学者根据抑郁的表现将其分为"抑郁情绪""抑郁行为症状"和"抑郁性神经症"三类，其中"抑郁性神经症"是一种严重影响个体正常生活的抑郁状态，对身心健康影响极大。

焦虑、抑郁在精神病学上被归为一种情感障碍，在临床心理学上则被视为一种不良情绪或倾向，是典型的心理健康负性指标。综合上述研究观点，个体的心理健康表现为具有较低水平的焦虑、抑郁，伴随较高水平的幸福感，是一种持续的、良好的心理状态。

（三）大学生的心理健康标准

大学生群体关系着社会的发展与未来，是许多专家学者广泛关注的对象，其中，大学生的心理健康问题一直是心理学领域关注的热点话题。我国专家学者制定了大学生群体心理健康标准。

郑日昌认为大学生心理健康标准有以下几个内容：具有独立生活的能力；具有独立思考和判断的能力；从心理上接纳自己；面对现实、充满信心；自我调节能力和适应环境；人际关系良好；学习方法得当；能应付一定的挫折。高顺有将大学生心理标准分为：个人心理特点符合年龄成长规律；有完整的人格；有正确的自我观念；有适应环境的能力；有良好的人际关系；情绪反应正常；能有效学习和生活。

曹艳艳将大学生心理健康标准分为：能保持正确的自我意识；能保持学习兴趣和求知欲；能自觉调节和控制情绪；有良好的社会适应能力；心理行为符合年龄特征；有和谐的人际关系。

综上所述，专家学者在制定心理健康的标准时，从不同的角度展现了不同的内容，但其判断标准在一定程度上是大同小异的。大学生群体的心理健康的标准主要体现在学生对学习生活的热爱、对自我价值的正确认识、情绪的良好掌控、人际关系的和谐、良好的社会适应能力和行为与年龄特征相符合等。大学生心理健康标准是动态的，大学生群体正处于成长阶段，其心理问题随着年龄的增长是不断变化的，心理健康水平也随其不断改变。大学生心理健康标准给予大学生自我发现心理问题的依据，使大学生能够分析和衡量自身心理状态，及时发现心理问题和不利于心理健康的行为，然后通过及时地调整保持良好的心理状态。

·133·

优秀传统文化的当代传承与价值探索

二、优秀传统文化中的心理健康教育内涵

(一) 以人文精神提升生命的意义感

人非常重视追求生命的意义。人能追求生命的意义正是人和动物的区别之处。人不能生活在没有意义的世界上，每个人都在积极追求生命的意义。人本主义心理学家弗兰克认为找不到人生意义的人会陷入焦虑，从而质疑生命的价值和意义，产生不同程度的心理危机，影响心理健康。正确认识生命的意义对于保持心理健康有积极意义，也是人类的正常心理需求。学习自然科学知识并不能获得生命的意义，学习自然科学知识只能帮助人获得人生的意义，生命的意义来自人文知识，是人生的价值取向。因此生命的意义需要在人文知识中获得。

优秀传统文化是哲学，能够为人提供生命的意义，在促进心理健康方面有重要作用。

1. 激发人生的使命感

人的使命感是生命意义的一种，激发人的使命感能够使人生获得意义。使命感是人生意义的一个来源。不同的文化能够给不同的人带来不同的使命感。

中国作为一个社会主义国家，赋予人民的使命感是"为人民服务"，中华儿女的使命是为劳苦大众谋求福利和幸福，而不是只注重追求个人的幸福，"天下为公"的价值观念更是培养了中华儿女为人民服务的使命感。此外，优秀传统文化会为人生带来使命感。如优秀传统文化中的"精忠报国""穷则独善其身，达则兼济天下""先天下之忧而忧，后天下之乐而乐"等。

优秀传统文化教育人们人生的意义不在于个人而在于国家，在于为国家和社会做出贡献。优秀传统文化将"忠"和"孝"视为人生重要的使命。其中，"忠"是指对自己的国家和民族忠诚，将自己的人生价值和国家的发展结合在一起；"孝"是指孝敬父母，要回报父母的养育之恩。这两种使命和为人民服务的使命非常相似。优秀传统文化能够使人的这两种使命感得到激发，使人生更有意义。

2. 启发生命的价值感

价值感是生命意义的首要来源。将人类视作一种机器有一定的道理，但是这种看法不尊重生命的价值，是对人的尊严的贬低。这种观点也不利于人的心理健康的发展。

·134·

第五章　优秀传统文化的教育价值实现

有研究表明，使用极端手段结束生命的人主要是因为感到生命没有意义。这些人认为生命没有价值，没有值得留恋的东西。如果只是将满足身体的需求作为生命的目的，则非常容易产生生命没有意义的误解。

人的身体需求是无限的，由于个人和社会的限制，人的身体需求可能不会得到满足。优秀传统文化使人正确地认识生命，人的生命非常宝贵，人应当珍惜生命。只有体会到生命神圣性的人才能感受到生命的价值，也才会对生命的价值产生认同感。

3. 启迪对真善美的追求

追求真善美也能够获得生命的意义。艺术家追求美、科学家追求真理，这都是在追求真善美，都能够使人获得乐趣，在这个过程中获得的乐趣就是生命意义的来源。

优秀传统文化借助于鼓励人们追求真善美使人们获得生命的意义。人生因为短暂而珍贵，在短暂的一生中人需要有精神追求。优秀传统文化中有大量的追求真善美的例子，这些人没有荒废短暂的人生，而是在追求真善美的过程中获得了人生的意义。中华民族在漫长的发展历程中十分重视对真善美的追求，追求真善美对于继承优秀传统文化和获得人生价值都有重要意义。

（二）以乐观精神培育积极的心态

积极的心态能够促进的人的心理健康，这已经在人们的生产和生活中得到了证实，积极乐观的心态能够使心理健康发展，而消极的心态则会损害人的健康。现代心理学的实验已经证明积极向上的心态会提高人体对疾病的免疫能力和身体素质，提升人的幸福感，使人更有精力，头脑更加灵活，从而获得更多发展机会；消极的心态则会使人反应速度下降，身体免疫能力降低。

优秀传统文化对培养人的积极心态有促进作用，主要体现在以下两方面。

1. 培育积极的理性

优秀传统文化中有很多关于乐观精神的内容，为培养人们的积极心态提供了依据。中国传统辩证法认为事物之中存在着矛盾，矛盾双方能够相互转化。事物的发展要经历起伏变化，但是总体趋势是向前发展的，从培育积极心态的角度来说，积极心态的建立是一定会发生的，只是时间的早晚而已。中国传统辩证法尤其注意从事物的对立转化来对待消极的事物，强调要从困难中看到机遇，把危机化为转机，使坏的因素向好的方面转化。

· 135 ·

优秀传统文化的当代传承与价值探索

积极乐观的心态是一种理性的态度。积极的思维模式是立足于真理的，理性地认识事物的发展规律能够对未来充满信心。中国传统的哲学是乐观向上的哲学，是培养人们的积极心理的理性支持。优秀传统文化认为事物是向前发展的，在发展过程中会经历种种波折，也会出现反复，但事物向前发展的态势不会改变，这也是积极向上心态的根本所在。

优秀传统文化注重站在事物之间相互转化的立场上看待消极的事物，习惯从积极的方面认识和理解消极的事物，在困难中寻找机会，将消极因素转化为积极因素，从而使人产生积极的心态。

2. 引导积极的情绪

积极的理性认识和积极的情绪有着明显的区别。一些人能够在理性上认识到不应为一些事情难过，但还是会产生消极悲伤的情绪，举例来说，如果某个人面试失败了，从客观理性的角度来说，这只是一件很正常的事情，但是就算那个公司的发展前景一般，人还是会产生悲伤与消极的情绪。而优秀传统文化可以引导人们产生积极的情绪，举例来说，古代文人如果遇到不愉快的事情就会用诗或者词来抒发心中的不快，这样就排解了负面情绪，从而为产生积极的情绪提供了条件。

三、优秀传统文化融入心理健康教育的价值

（一）引导大学生正确看待人生的缺憾

中国传统文化涵盖了道家、儒家、佛家的处世观念和态度，其中有很多内容可帮助大学生群体解决当下的心理困惑。首先，大学生的很多不良心理来源于和同龄人的比较，如学业的比较、相貌的比较、家庭背景的比较等，任何一个方面处于不利地位，都可能引发学生的妒羡和焦虑心理。实际上这种对比的心态不仅困扰着大学生群体，即使是早已步入社会多年的职场人士，同样也广泛存在这一问题。无休止的比较并不能让人获得更多的进步，只能让人心态失衡，产生一些过激的心理。对于这一点，可借助传统的道家思想和佛家思想来加以化解，道家处世的态度正是要求人们不要过分执着于世俗的功成名就，放下比较才能获得内心的平静。其次，大学生要学会正确看待人生的缺憾。没有十全十美的人生，每个人在生活中都会存在坎坷、曲折和不得志，关键是要正确看待，坦然接受不能改变的事实，积极弥补能够改变的部分。常言道"人生不如意事十之八九"，当

· 136 ·

第五章 优秀传统文化的教育价值实现

然，这样的表达不是要求大学生消极对待，而是不要形成偏执的思维。如果大学生在传统文化的引导下放下比较，积极面对生活中的缺憾，必然能消除大量的不良心理。

1. 求知好学，积极上进

我国历史悠久，文化底蕴深厚，根植于中华大地的传统文化是我们的祖先在数千年的历史中不断探索所总结出来的文化精华。在科技落后的年代，人们对于知识无比向往，古人有句经典的话语：万般皆下品，唯有读书高。这句话表达的正是古人对于读书学习重要性的认知和看法。学习不仅能够让学生学会文化知识，同时也能让学生升华思想境界，达到全新的认知高度。现代社会发展十分迅速，人类的学习能力已经跟不上知识的出现速度。当前青少年有了许多全新的知识获取渠道，比如在线课堂、搜索引擎等。当代背景下，年轻人需要多读书、多学习，丰富自己的知识储备，开发和强大自己的头脑。中国传统文化中有着许多经典案例，这些经典案例很多被编成了故事。青少年在学习中国传统文化的时候，要努力从中汲取正能量，感受学习的美好与乐趣。学生在吟诵古诗的同时要体会诗人的心境，了解当时的历史背景，秉承积极向上的学习态度学习知识，这样才能自由遨游在知识的海洋中。

2. 自强不息，坚持努力

中国传统文化有许多自强不息、积极向上的故事与思想。比如"天行健，君子以自强不息"，这句话的意思是：人类需要不断前进，即使遇到艰难险阻，也要不屈不挠。再如"书山有路勤为径，学海无涯苦作舟"，这句话的意思是：学习没有捷径，想要从书山学海中获得足够多的知识，就必须坚持"刻苦"和"勤奋"。为了成功，学生在学习的时候，绝不能因为一点困难就放弃。遇到学习挫折的时候需要坚持，以水滴石穿的精神前进。用"头悬梁锥刺股"的故事激励学生，让学生知道古人在生活条件那么差的情况下都能努力学习知识，现在拥有这么好的学习环境与条件更应该努力学习。学习中遇到了困难一定要相信自己，不要轻言放弃，要深刻认识到每一个成功者的背后都付出了无数的汗水和艰辛，从古至今，从来就没有轻而易举的成功。

3. 仁爱宽厚，推己及人

我国最出名的便是儒家思想和道家思想，儒道思想风靡全世界，其核心是仁爱思想和无为而治。也就是和他人建立友善和谐的关系，天人合一，一切顺其自然，人们需要多关心他人，予以他人足够的尊重。正所谓"爱人者，人恒爱之；

• 137 •

敬人者，人恒敬之。"人和人之间有着双向互动的爱，人类的爱存在无私、高尚、自然的一面。古人常说："老吾老，以及人之老；幼吾幼，以及人之幼。"人们应当多站在他人角度思考问题，"己欲立而立人，己欲达而达人"，正所谓"己所不欲，勿施于人"。自己都做不到的事情又何必强加于他人。爱是一种宽恕的思想，应当立足仁爱这一切入点，和他人建立和谐关系，这是每一名青少年成长中都必须坚持的态度，也是身心健康和谐的重要思想依据。

4. 豁然开朗，宽容大度

我国传统文化历史悠久，在心理健康教育中设定的标准是通达无碍。不论是佛家还是道家与儒家都是一样的。孔子的"从心所欲不逾矩"，庄子的"向往自由"，老子的"顺其自然"，佛家思想中的"无执""放下"都有上述含义。人类社会是非常美好的，人类不能将全部的注意力和目光集中于各种烦恼消极的事情，这只会加剧自己对于社会的消极情绪。正如人们常说的一样，生活中到处都不缺乏美，只是缺少发现美的眼睛。这也就是告诉我们，无论看人看事都要看到其闪光点和积极正向的一面。现代社会有着非常快的生活节奏，学生有着很大的学习压力，在学习压力作用下，青少年很可能会产生不良情绪，为了消除不良情绪的困扰，非常有必要引入中国传统文化，汲取中国传统文化的精神力量，来滋养心灵强大精神，强大内心，时刻保持淡定从容、豁达的心态，这样才能很好地融入社会，实现自己的社会价值。

（二）引导大学生树立爱国精神和民族意识等理想信念

远大的理想信念是学生对自己的人生期许，是自我实现的目标，缺乏目标的人往往行动无力而迟缓，容易被生活中的困难所束缚。拥有远大理想信念的人通常更加坚韧，能够克服眼前的小困难，将目光投向更远的将来，这类人不易受到不良心理的干扰。大学生群体是社会的宝贵财富。我国在"十三五"期间已经实现了全面建成小康社会的阶段性目标，进入"十四五"之后将以建设社会主义现代化国家为新目标，大学生群体来到了时代的最前沿，肩负着实现中华民族伟大复兴的光荣历史任务。中国传统文化可以唤起大学生群体的爱国精神和民族意识，使大学生群体以建设国家、实现个人价值为目标，树立起远大的个人理想和信念，同时也可以提高大学生群体克服困难的能力，其抵抗不良心理干扰的能力也将大幅提升。中国传统文化向来重视对爱国精神的传承和歌颂，这些内容可发挥积极的作用。

第五章　优秀传统文化的教育价值实现

（三）引导大学生正确处理自己与他人的人际关系

人具有社会属性，任何一个个体在当前的社会形态之下都不可能脱离与他人的联系，处理好自身与他人之间的关系，形成和谐的生活环境，这种心理状态将是健康的、积极的，能够有效促进学生的成长和进步。事实上在导致大学生群体心理亚健康的因素中，人际关系障碍是非常重要的一个因素。独生子女相对更加自我，不擅长在人际交往中迁就或者妥协，难免会激发一些矛盾。中国传统文化中有很多处理人际关系的智慧，例如，孔子曾经说过："人不知而不愠，不亦君子乎？"这句话的意思是说，对待别人的不理解，不要生气和恼怒，要采用平常心来对待。"一衣带水，守望相助"，这一思想告诉我们日常生活中要乐于助人，通常也能被他人善待，获得更加和谐的人际关系。

四、优秀传统文化融入心理健康教育的策略

（一）编写本土化课程内容

目前，大部分高校心理健康教育课教材编写大同小异且过于泛泛而谈。大部分内容过多地借鉴西方心理健康教育理论和方法，如精神分析流派、人本主义流派等。这些理论、流派、方法皆是舶来品，缺乏关键的针对性。需将优秀传统文化中的心理教育因素的内容融入心理健康课教材中，不断本土化课程内容，让教材内容能反映当代中国大学生心理特点和心理困扰产生的原因，并能给出相应的调节方法，从而提高课程的教学水平及心理健康教育工作的有效性。

（二）完善心理健康教育师资队伍建设

师资队伍建设是知识传播的有效途径。需对心理健康教育课教师开展优秀传统文化、新媒体技术的相关培训，确保提高教师对优秀传统文化的掌握程度及教育教学水平。同时经过培训后，教师可利用新媒体教育的优势，提高教学质量以及提高课程对学生的吸引力，从而提高心理育人的有效性。

（三）营造良好的优秀传统文化校园心理环境

高校需落实心理健康教育工作四级网络体系建设，即"学校—二级学院—班级—寝室"，为大学生心理健康教育提供制度保障。一是以每年5月25日的全国大、中学生心理健康日为切入点，融入优秀传统文化因素，举办形式多样的

· 139 ·

主题心理教育活动，比如汉服表演、与优秀传统文化相关的心理情景剧比赛、心理沙龙培训、经典书籍读书分享会等，同时还可开展生动活泼、趣味盎然的网络活动或游戏，比如可以在学习通 App 上举办中华传统文化线上知识竞赛，邀请名家进行传统文化线上直播等。二是加大校园媒体宣传力度，除了学校网站、校报、校广播传统媒体宣传工作之外，学校可以入驻学生经常使用的微博、微信、微视频 App 等，设立学校官方账号，宣传具有优秀传统文化因素的心理活动，营造良好的线上线下优秀传统文化校园心理环境。

（四）与新媒体相结合，创新优秀心理文化教育路径

对于高校大学生而言，他们有经常使用新媒体进行学习、娱乐、社交、购物的习惯。新媒体通过显性和隐性方式影响大学生的价值取向和心理健康水平。利用新媒体推动高校文化传播平台的建设，一是要推动媒体深度融合，提高传统媒体的内容优势。近年来，各类短视频平台非常火爆，成为大学生最经常使用的手机 App[①]优秀心理文化内容的创作与传播可借鉴"抖音""快手"等热门短视频平台进行。例如，在母亲节、清明节、端午节等节日前后，运营商可通过新媒体平台，让大学生在短时间内获得大量如孝心、勤勉、感恩等优秀文化信息理念[②]。二是要创新技术与平台，原先图像、声音、文字等模式过于单调，对大学生吸引力不足。因此，必须创新技术和平台。要利用创新思维打造融通平台，采用人工智能等新技术，将传统媒体和新兴媒体、最新科技成果巧妙融合。例如，人民日报社新媒体中心入驻某直播平台，用直播记录分享发生在人们身边的激动人心的大事、趣事。

---

① 李薇. 融媒体时代反转新闻与受众心理关系探析 [J]. 新闻世界，2021（3）：70-73.

② 张耀天，朱薇. 大数据时代大学思政教学改革实践及其反思：以抖音新媒体介入教学为例 [J]. 齐鲁师范学院学报，2021，36（3）：35-42.

参 考 文 献

[1] 朱鸿亮，艾军. 当代理工科大学生文化素质教育面临的挑战与对策 [M]. 西安：陕西人民教育出版社，2014.

[2] 章慧蓉，郭立，杨静. 开启创新之门：创新人才素质教育与实践 [M]. 北京：冶金工业出版社，2016.

[3] 杨君萍. 传统文化与人文素养 [M]. 长春：吉林文史出版社，2017.

[4] 杨福荣，邬蕾芳. 中国传统文化与大学生德育教育研究 [M]. 西安：西安交通大学出版社，2016.

[5] 郭雪峰. 中国优秀传统文化与大学生人文素质培养 [M]. 长春：东北师范大学出版社，2016.

[6] 孙耀胜. 中华优秀传统文化与大学生素质教育探究 [M]. 北京：中国水利水电出版社，2017.

[7] 杨志春，杨道建. 大学生文化引领与素质教育实践创新 [M]. 北京：光明日报出版社，2018.

[8] 王官成，苟建明. 高职院校文化育人的创新与实践 [M]. 北京：光明日报出版社，2018.

[9] 向秀清，黄迎春. 中国传统文化与艺术欣赏 [M]. 重庆：重庆大学出版社，2018.

[10] 姚运肖，韦地，王飞. 传统文化精神与大学生思想政治教育 [M]. 北京：国家行政学院出版社，2018.

[11] 邱影悦，徐辉，代小丹. 传统文化视域下大学生素质教育的培养 [M]. 长春：吉林大学出版社，2018.

[12] 金疆，王伟. 传统茶文化在大学生人文素质培养中的实效研究 [M]. 沈阳：辽宁大学出版社，2019.

[13] 张玲菲，孙峰岩，吴莎. 新媒体环境下传统文化对大学生素质教育作用的研究 [M]. 长春：吉林文史出版社，2019.

[14] 年仁德，戴淑贞，杨麦姣. 高校中华优秀传统文化教育的设计与规划 [M]. 北京：知识产权出版社，2019.

[15] 付丽伟，王中俊. 人文教育背景下的大学生素质培养新探 [M]. 长春：吉林大学出版社，2020.

[16] 刘思阳. 中国优秀传统文化与大学生思想政治教育探究 [M]. 北京：中国水利水电出版社，2016.

[17] 汪海鹰. 文化基因与精神血脉的现代作用：中国优秀传统文化与中国道路 [M]. 北京：国家行政学院出版社，2016.

[18] 黄秋生，陈元，薛玉成. 当代大学生文化自信现状及培养研究 [M]. 北京：团结出版社，2017.

[19] 李广龙. 当代教育中的中国传统文化研究 [M]. 长春：东北师范大学出版社，2018.

[20] 曾凡英，王红. 中国传统文化与文化传统的现代化 [M]. 长春：吉林大学出版社，2017.

[21] 朱存明. 灵感与悟性：灵感思维与中国传统文化精神 [M]. 北京：文化艺术出版社，2018.

[22] 顾博. 探索中国优秀传统文化与大学生思想政治教育的融合 [M]. 北京：九州出版社，2018.

[23] 董福田，金加洲，闫国年. 基于中国传统文化的方法论：螺旋论的理论、方法与实践 [M]. 北京：知识产权出版社，2018.

[24] 郭齐勇. 中国思想的创造性转化 [M]. 上海：上海教育出版社，2018.

[25] 李宗桂. 中国优秀传统文化的现代价值 [M]. 北京：人民出版社，2019.

[26] 金琪. 中和育人：浸润中华优秀传统文化的德育探索 [M]. 上海：上海教育出版社，2017.

[27] 向亚云，景扬，王溪明. 建设好家风：传承中华优秀传统文化 [M]. 北京：中国言实出版社，2017.

[28] 张绍元，李晓慧. 文化自信：中华优秀传统文化核心思想理念读本 [M]. 北京：中国言实出版社，2017.

[29] 梅柳，李霞芬. 守望精神家园：礼敬中华优秀传统文化 [M]. 湘潭：湘潭大学出版社，2017.

[30] 马文章. 根之情：中华优秀传统文化在实践中的应用 [M]. 北京：新华

出版社，2018.

［31］周妮. 探索与传扬：从中国优秀传统文化中培养大学生人文素养［M］. 北京：北京理工大学出版社，2020.

［32］刘明洋. 转化与发展：走进新时代的中华优秀传统文化［M］. 济南：山东人民出版社，2018.

［33］韩晓燕. 新媒体环境下优秀传统文化传播机制研究［M］. 北京：经济日报出版社，2019.

［34］赵坤. 中华优秀传统文化当代价值［M］. 桂林：广西师范大学出版社，2019.

［35］黄惠. 优秀传统文化在高校思想政治教育中的实践应用［M］. 沈阳：东北大学出版社，2019.

［36］李欢，张杰，曾菊，等. 中华优秀传统文化与青少年教育研究［M］. 长春：吉林大学出版社，2020.

［37］崔锁江. 中华优秀传统文化融入高校思想政治理论课研究［M］. 芜湖：安徽师范大学出版社，2021.

［38］张星，李菊梅. 中华优秀传统文化视野中的艺术、设计与非遗［M］. 昆明：云南大学出版社，2021.